石と意志の組み合わせ

石組作法

ガーデン・テクニカル・シリーズ 5

龍居庭園研究所＝編

建築資料研究社

はじめに

石組とは何か。

日本の庭は石組を抜きにしては語れないほど、いわば主役の地位を占めてきた。いや、占めるというよりもそれは庭の骨格であり、石組のない庭はまさしく骨抜きで、俳優不在の演劇のようなものだ。

これだけ日本の庭に深く関わってきた石組だが、あまりにも石組が身近か過ぎるのか、その本質とは何かという基本的な問題に真正面から取り組むことは少なく、むしろ、避けてきたようにさえ思える。

何故そうなのか。

たぶん、それは江戸時代後半にベストセラーとなった『築山庭造伝』や『石組園生八重垣伝』など公刊された作庭書の影響があったことと思われる。広く巷に流布し、懐に入れておけば多種多様な作庭に対処できた便利な書物であり、作庭界のバイブルのような存在だったのだろう。

これらには石の形態から名称、石組の姿からタブーまで図示され、人々はこれに依存したようだが、反面、作庭は形式化して、創造への意欲と革新性は削がれてしまった。

それは明治、大正時代になっても作庭界に長い影を落とし続けてきた。

こうした影響でか、三つの石を中心にしたいわゆる三尊石風の石組が長く主流を成すこととなる。

結果的にこれを基本に瀧を落とし、水を流し、あるいは水の代わりに砂利を敷き、石橋を架け、植栽を松中心にした庭が日本中につくられた。しかも一般社会にまで認知され、庭を語る上での固定観念になってしまった。

このようないわば形式主義の庭が世に氾濫し、何ら疑念を抱かずに作庭を続けてきたのは、作庭者の多くが固定観念や形式を第一に考えてきたことにつながる。喩えていえば、足に合わせて靴を選んで履くべきものを、逆に靴のサイズに合わせて履くようなものだ。

形式主義は一方で庭にもステータスシンボルを生みやすい。隣の庭の石が五トンであれば、我が家の石は八トンだ、やれ名石だと貧しい競い合いを繰り返すだけだ。本来、庭は心を豊かにするためにあるはずが、いつのまにかようすが変わってきて、欲望を満たす場と化してしまった。

小著では石を組む前の段階、つまり石に対する作庭者たちの心象から捉えることにした。石と向き合ったときに生じる心象の変化から始まって造形となり、やがては空間をも構成し造景へと進化する。これが庭だと考えるならば、問題は目の前に転がる一個の石にあるのではなく、向き合う人間にあるのではないか。石に潜在する力を感じる感性、そして表現力、その力量の差が庭の形となって表われてくると考えられる。

そこで、石の据え方や形式などに重きをおくより、作庭者の石に対する心象から石組に対する姿勢まで、その精神性を重視した。

「木組は木の癖組なり、癖組は人組なり、人組は人の癖組なり」とは、奈良薬師寺西塔をはじめ、数々の木造建築を再建し最後の宮大工と謳われた西岡常一棟梁の言葉である。西岡棟梁の言葉を借りれば「石組も人組なり・・・」となりはしないか。煎じ詰めれば、石組は石を通しながら自己の心を見つめ直す行為に思えてならない。本書が自由な石組の発想の重要性を認識していただく上での一助となれば幸いである。

㈲龍居庭園研究所
豊藏　均

石と意志の組み合わせ石組作法——目次

デザイン＝岩黒永興／写真＝信原 修・豊藏 均

国内点描

石組

その造形美を探る

写真＝信原 修

岩本敏男作品＝養東院（岡山県）

大胆かつ繊細に

田中松男作品
浄正院（山梨県）

石を愛しむ意志があってこそ、石の美しさはさらに倍増する

林　昌宏作品
伊坪邸（長野県）

石組は庭の骨格。肉付けが飛石・植栽・石燈籠となる

林　昌宏作品
松沢邸（長野県）

縦と横方向に巧みなバランス感覚を見い出す造形

林 昌宏作品
齋藤邸（長野県）

普遍性を象徴する松と石に意志を込める

和田作治郎作品
鈴木邸（長野県）

無機質な石も作庭者の心構えという意志一つで、
品格が漂い堂々としたものになる

心を包み込む清冽な空気

原　忠司作品
木下邸（長野県）

左から右に働く石の方向性が庭全体に気勢を生み出す

小泉八尋作品
土本邸（岐阜県）

凛とした石組は、畏敬の念さえ感じさせる

久保篤三作品
今江邸（滋賀県）
天衣無縫な作者の生き方そのものが表われた剛毅な石組

久保篤三作品
大槻邸（京都府）
華奢なモミジの線と剛毅な六方石との絶妙ともいえるコントラスト

森内正樹作品
小田邸（兵庫県）

石に惚れ込み、己の意志のままに使いこなす

石に求める心地好さ

福田義勝作品
高橋邸（岡山県）❶

受動的でなく能動的に石組の心地好さを体感して生まれたスタイル

福田義勝作品
髙橋邸（岡山県）❷
使い古した形式に依存せず、
自らの感覚に基づいた石組

福田義勝作品
山本邸（岡山県）❶
備前の山地から体得した石の扱いには、
作者の心意気がよく表われている

福田義勝作品
山本邸（岡山県）❷

石組からは、備前の山野や里などに転がる石塊の気分が伝わるようだ

岩本敏男作品
養東院（岡山県）

祈りに近い思いを、天まで届けと石に込めたものこそ本物の立石

石と意志の絡み合い

野津　博作品
自作の自邸（島根県）

石組になるかどうかは、人がその造形を見て感動するか否かにかかる

森　和義作品
橋本邸（山口県）

石を立てる、斜めにする、伏せる、いずれにせよ
作庭者と石との格闘の結果が石組となる

緒方繁二郎作品
日向景修園（宮崎県）❶

石同士を組み合わせてできたモニュメント性の強い石組

緒方繁二郎作品
日向景修園(宮崎県)❷

広大なスペースに日向の国、宮崎県の景勝地を石組で表わす

緒方繁二郎作品
八谷邸(佐賀県)

石と草本類が複雑に絡み合って生まれた独自の景

徳永新助作品
久保田邸(熊本県)

造形的に組んだ石に水が関わり、造景へと進化する

中野和文作品
南邸（熊本県）
石の割肌を活かして生まれた現代的な空間

中野和文作品
西村邸（熊本県）
作庭者の性格そのものが顕著に表われるのも石組の特質

神々の造形

石組のモチーフを自然界に求める

石組へのモチベーションを高める

一個の石と向かい合ったときに生じる心象の変化、湧き上がる意識は、作庭者独得の感覚かも知れない。さらにその一個の石が手つかずの自然石であり、一切の加工も許すことなく複数の石とを組み合わせ、何かを表わす行為を《石組》と称するならば、これは非常に特殊な行為といわざるを得ない。

同じ石を扱う石工は、手を加えながらまったく異なる形を生み出すところに石工たる存在感が光ってくる。また自然石を扱うにしても石積や敷石は構築物に等しく、そこには《用》と《美》が存在し、特に《用》に意識を注ぐ。ただ《石組》だけが、その《用》から離れ、《美》だけに一念を傾け、集中させる。《石組》ほど、作庭者の美に対する境地の浅深高低、哲学的で高度な精神世界の有無まで正直に表われてしまうものはない。

石組への見識を高める方法といえば、古庭園の見学、江戸時代の作庭古書を繙く、あるいは研修会への参加などなど、いくらでもある。ただ残念なことにそれは技術の範疇でしかない場合が多かった。

技術以前の精神性を高め、石が持つ無限大の力を感じ取る…、いわば胸を突き動かされるような衝撃的な感動、この体験こそが石組へのモチベーション（motivation＝動機づけ、刺激、行動を起こす要因）に成り得る。

このモチベーションを高めるには、自然界に求める以外にないだろう。何故ならば石が本来あった場所だからだ。

自然界には、人間では創造もできない造形美に満ちている。そこで「神々の造形」と記したが、もちろんこの「神々」とは信仰の対象や偶像的なことではない。宇宙の生成から運行までを司る大きな法則といった自然の力を意味する。自己を取巻く既成概念の殻を打ち破る意味でも自然界のフィールドに出よう。

あたかも人為的な石組に見えてくるから自然界は妙だ＝山梨県甲府市の八幡神社

湧き上がる大地の力

——山梨県塩山市の石森山

❶ 乱立する巨石は、見ようによっては乱舞しているようにも感じるが、その力強さはまさしく大地のエネルギーそのものだ

❷ 一塊の巨石が落雷か何かで割れ、❶に見るような光景を生み出したかどうかわからないが、凄まじいエネルギーとパワーが働いたことに間違いないだろう

森の中の露頭岩

――山梨県甲府市の八幡神社

❶ 永年の侵食作用で表土が削られ、岩石が地中から露頭した姿。落葉広葉樹林とともにまるで庭のような景観に感じる

❷ 起伏の凸部は露頭岩が多く、人為的に組まれた庭のように見える

❸ 左から右へ働く気勢を感じる露頭岩

❹ これも左下から右上にかけて気勢を感じ、自然界とは思えず、むしろ人為的な作為さえ感じる

人の力を超えた鬼の仕業？

——岡山市郊外の鬼ノ城

桃太郎伝説の地にふさわしい岡山市郊外にある鬼ノ城(大陸からの帰化人が築いたといわれる山城)で見かけた二つの岩石

阿蘇の石群

——熊本県阿蘇郡南小国町の押戸ノ石石群

❶ 阿蘇の雄大な風景に囲まれた石群は丘の上に存在する

❸ 鬼がお手玉をしてこぼれ落ちたという伝説の石群は、石同士のバランスや向き加減など、とうてい自然とは思えず人為的に見える

❷ 高さが4～5メートル、重量は200トン以上はある押戸ノ石の姿

❹ 中央奥の立石を取り囲むように並ぶ石群は、古代のドルメンのようにも見える

❺ ❹で見る立石と周辺にある石は、実にバランスがよく、そのために人為的に感じるのだろう

❻ 存在感を十二分に感じさせる石塊は、大人の腰ぐらいの高さしかない

❼ 庭の世界であれば、石組には苔というのが相場。ここでは草が延び放題でしかも石群をワイルドに見せている

❽ 阿蘇の大地と大空を背景にした石群は、「たたずむ」という表現がピッタリ当てはまる

❾ 阿蘇の平原を吹き抜ける風が心地よく、瞑想にでも耽ってみたくなるような世界

❿ 自然界の造形には形式も手法もなく、要求されるのはその造形を読み解く感性と分析力だ

マグマが生んだ造形
——宮崎県えびの高原　韓国岳山麓

❶　モニュメントのような造形を見せる岩塊は、噴火時に流れ出た熔岩

❷ 一塊の熔岩がガスを放出しながら冷えて固まる、その際に割れて生まれた造形

❸ 同じような大きさ、形態の石はなく、すべて異なりアバウトでランダムだ

❹ 絶妙なバランスが取れて静止した熔岩は、ダイナミックな造形を生み出す

❺ 左から右へ働く動きを強く感じさせる熔岩

❻　ガスを放出し、冷える際に生じた亀裂とそこから崩壊した熔岩が新鮮な形態を生む

❼　ＳＦ(サイエンス・フィクション)映画に出てくるような廃墟の世界を彷彿させる光景

石組基本講座

地球の歴史を刻む岩石

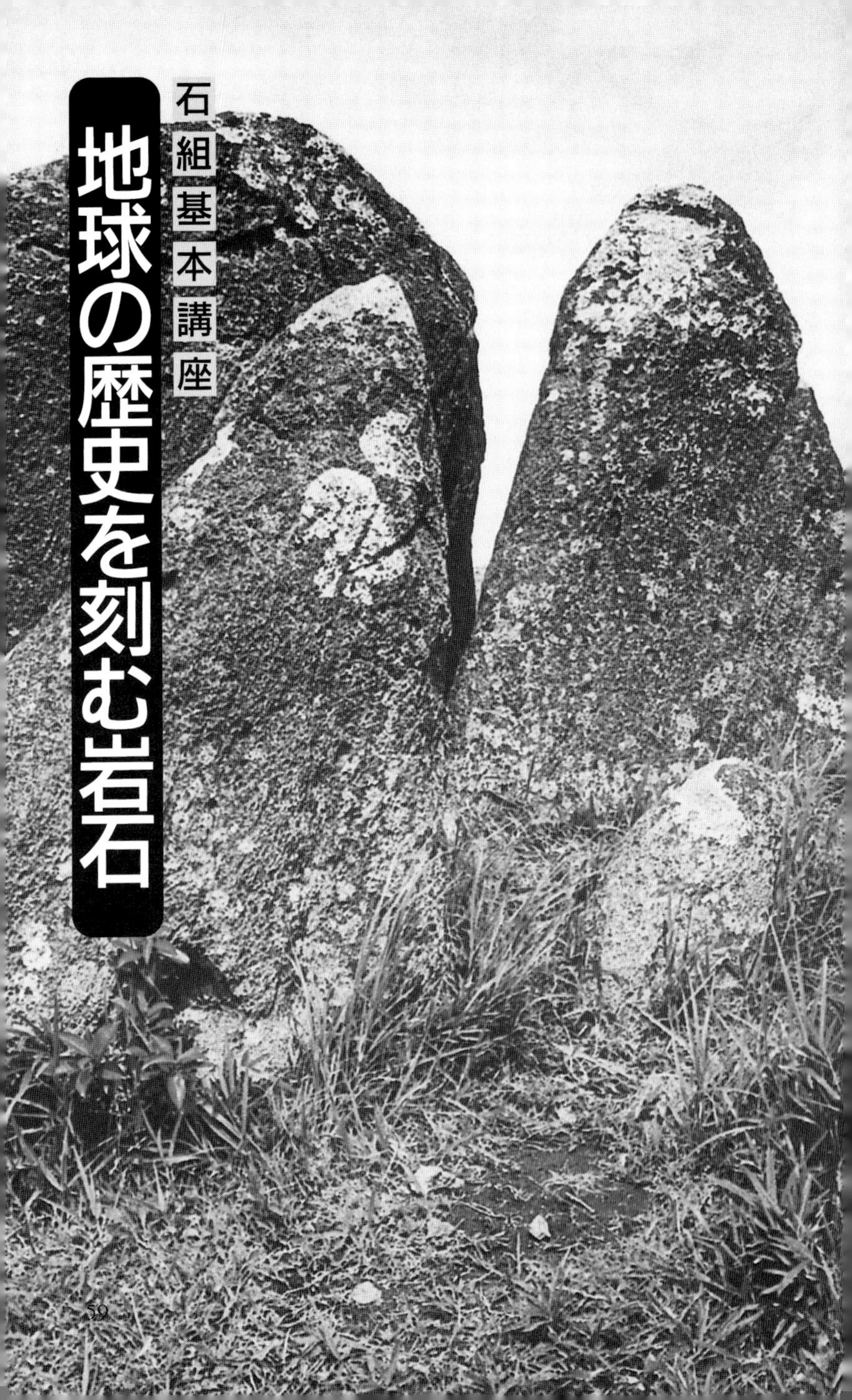

岩石の種類と特徴

◆名石より、ありふれた石に価値観を

この世に二つとして同じ石はありません。石の形、色、特徴などは千差万別です。

石の生成の相違から、石質はもとより、山、沢、川、海からの石は、なだらかな形、厳しい形、さまざまな色、縞紋様や斑点があるなど、各種の色、形、特徴を持っています。

景勝地などを訪れると実にいろいろな形の岩石が風景をつくっていますが、庭に置いたらさぞいいだろう、と思います。自然にある岩や石のたたずまいは、たびたび庭のお手本になります。それらは長い間かかって、沢を降りてきて、形も整い、ところを得て納まっているからでしょう。

水に洗われ、波に洗われた石は自然に逆らうことなく、落ち着くところに安定感よく納まっています。こうした自然石のようすは、庭に石を据える場合も非常に役立つので、よく観察しましょう。

庭石として使われる石は、自然石のすべてが用いられるわけではなく、そのごく一部です。古くから庭石として用いられているものは、色、形、大きさ、硬度もよく、採石もしやすい条件を備えています。いわゆる名石の産地は、採掘し尽くされ規制が加えられているところも多いのです。確かに限りある資源だから、当然のことでしょう。これからは、色も形も整った名石を求めるばかりでなく、今まで見向きもされなかった石を使って、いかに庭をつくるか、という課題に取り組まなければなりません。

今や神居古潭石や貴船石は、幻の名石になりつつあります。

◆山石・沢石・川石・海石の持ち味

「うちには、伊予の青石がある」とか「うちは、佐渡の赤玉だ」など、我が家の庭石を自慢する向きもあるようです。青石や赤玉石は一目瞭然、見ればすぐわかりますが、その他の石は、殊に庭に長く置き、錆や苔などが付いた場合、どこの何やら、判別も難しいようです。

もっとも、石を鑑賞する場合、産地、名称など、いちいち気にしていたら、庭を本当に味わえません。しかし、一応の知識として体得しておいても無駄ではありません。

この際、岩石を徹底的に研究してみるのもいいでしょう。さらに岩石の見方、石の据え方もわかれば、より深く庭を味わえます。

庭石は、山や川から採掘したものですが、自然な形そのものです。砕いたり、削ったりしたものではなく、大小はあっても、水蝕、海蝕、風化などにより形を成したまま使用されます。したがって大谷石や鉄平石など、切石や板状で使用されるものは、庭石というより、建築土木用石材と呼ぶべきです。

さて、庭石を大まかに分けると山石、沢石、川石、海石に分けられます。

山石は、山中、または表土から採掘されるもので、地表面は風化し初肌といいます。筑波石とか鞍馬石などがこの種類です。

沢石は、山から水と一緒に転がってきた石で、沢や溪谷にあり、程よく角が取れ、形が整ったものが良いとされています。山石と川石の中間の石ともいえます。

川石は、かなり激しい水流で川にまで至った石です。つまり相当の年月、水に洗われ、すっかり角の取れたまろやかなものが多いです。三波石、真黒石などがこれに当たります。

海石は、海岸近くに産する石のことで、海波に洗われ、蝕尽されたり、貝殻などが付着したものもあります。磯石、浜石などと呼ぶこともありますが、瀬戸内海産の石はこれに当たります。

表1　庭石の県別一覧表

都道府県	名　称	岩　質	特徴・用途	産　地
北海道	十勝石	花崗岩		清水町
	神居古潭石	変成岩・蛇紋岩		旭川市石狩川中流
	日高石	変成岩・蛇紋岩		日高川流域
青森県	大鰐青石	凝灰岩		大鰐町
岩手県	矢作石	粘板岩		矢作町
	横田石	粘板岩		陸前高田市
	中野御影石	花崗岩		盛岡市
	桃色御影石	桃色角閃花崗岩		花巻市
秋田県	院内石	凝灰岩		雄勝町
宮城県	仙台石	泥板岩・粘板岩	黒色	桃生郡
山形県	山寺石	凝灰岩		山形市山寺
福島県	福島御影石	花崗岩・片麻岩		福島市
	須賀川石	凝灰岩・安山岩		須賀川市
新潟県	赤玉石	チャート・鉄石英		佐渡
	糸魚川蛇紋岩	蛇紋岩		糸魚川市
群馬県	渡良瀬石	花崗岩・チャート	青灰色	東村
	多胡石	砂　岩		吉井町
	三波石	結晶片岩	青緑色・チョコレート色など	群馬県と埼玉県の県境神流川流域
栃木県	大谷石	凝灰岩	切　石	宇都宮市
茨城県	稲田御影石	花崗岩		笠間市
	筑波石	黒雲母花崗岩など		筑波町
	寒水石	石灰岩		常陸太田市
千葉県	房州石	凝灰岩		鋸南町
埼玉県	秩父青石	緑泥片岩・蛇紋岩		荒川沿岸
東京都	奥多摩石	チャートなど	赤—青梅ウスキ 灰白色—馬骨石 紫—紫龍眼	奥多摩町
神奈川県	根府川石	両輝安山岩		小田原市
	小松石	安山岩		真鶴町
	新小松石	輝石安山岩		足柄下郡など
	白丁場石	両輝安山岩		湯河原町
	相州朴石	火山岩・玄武岩質熔岩		県下
山梨県	甲州御影石	黒雲母花崗岩		塩山市
	甲州鞍馬石(新鞍馬石)	石英閃緑岩	鉄サビ色	
	甲州朴石	玄武岩質熔岩		富士山麓一帯
静岡県	伊豆石	安山岩など	丸石、磯石、山石、朴石	伊東市など
	天城抗火石	安山岩		天城湯ヶ島町など
	富士朴石	玄武岩質熔岩		富士山麓
	天龍川石	粘板岩など		天龍川流域
	六方石	玄武岩	乱杭など	大仁町・沼津市
長野県	佐久石	輝石安山岩		南佐久郡

長野県	鉄平石 木曽川石	輝石安山岩 粘板岩	敷石、張石など	諏訪市・佐久市 木曽川中流
岐阜県	揖斐川石 苗木御影石 郡上赤石	変成岩 花崗岩 チャート		揖斐川町 中津川市 郡上郡
愛知県	犬山石 三州御影石 岡崎御影石 幡豆石	チャート 花崗岩 花崗岩 花崗岩	赤　石 燈籠など	犬山市 岡崎市 岡崎市 幡豆町
石川県	瀧　石	花崗岩		羽咋町
福井県	福井石 疋田御影石	砂　岩 花崗岩	燈籠など	下宇坂村 敦賀市
滋賀県	安曇川石			安曇川流域
京都府	鞍馬石(本鞍馬石) 丹波鞍馬石 白川石 貴船石 栗田石	閃緑岩 黒雲母花崗岩 黒雲母花崗岩 粘板岩など 花崗岩	 燈籠など 水石など	京都市 亀岡市など 京都市 賀茂川、貴船川沿 宮津市
三重県	伊勢青石 伊勢御影石 島ヶ原石	はんれい岩 黒雲母花崗岩 花崗岩		南勢町 三重郡 島ヶ原村
奈良県	生駒石 奈良石	黒雲母花崗岩 黒雲母花崗岩		生駒町 奈良市
和歌山県	紀州青石 那智黒石 高野石(高野貴船石)	変成岩(緑泥片岩、集塊岩など) 粘板岩		和歌山市など 熊野川上流
大阪府	泉州青石(和泉青石)	砂　岩	緑灰色	泉南市
兵庫県	本御影石 淡島御影石 生野石	花崗岩 花崗岩 玄武岩		神戸市 淡路町 生野町
鳥取県	佐治石	変成岩		佐治川上流
島根県	来待石	砂岩・凝灰岩	燈籠など	宍道町
岡山県	万成石 北木石(北木御影石) 瀬戸御影石	黒雲母花崗岩 黒雲母花崗岩 花崗岩・片麻岩の総称	 海　石	岡山市 小田郡 瀬戸内海沿岸や島々
香川県	小豆島石 庵治石 かんかん石 豊島杭石	黒雲母花崗岩 黒雲母花崗岩 安山岩 角礫質集塊岩		小豆郡 庵治村 坂出市 小豆島
愛媛県	伊予青石	変成岩・緑泥角閃片岩		北宇和郡
徳島県	徳島青石(阿波青石)	変成岩・結晶片岩		吉野川流域
福岡県	篠栗石 二日市御影石	蛇紋岩 花崗岩	燈籠など	篠栗町 二日市市
長崎県	諫早石	砂　岩		諫早市
熊本県	竹葉石	かんらん岩、蛇紋岩		下益城郡

全国庭石分布図

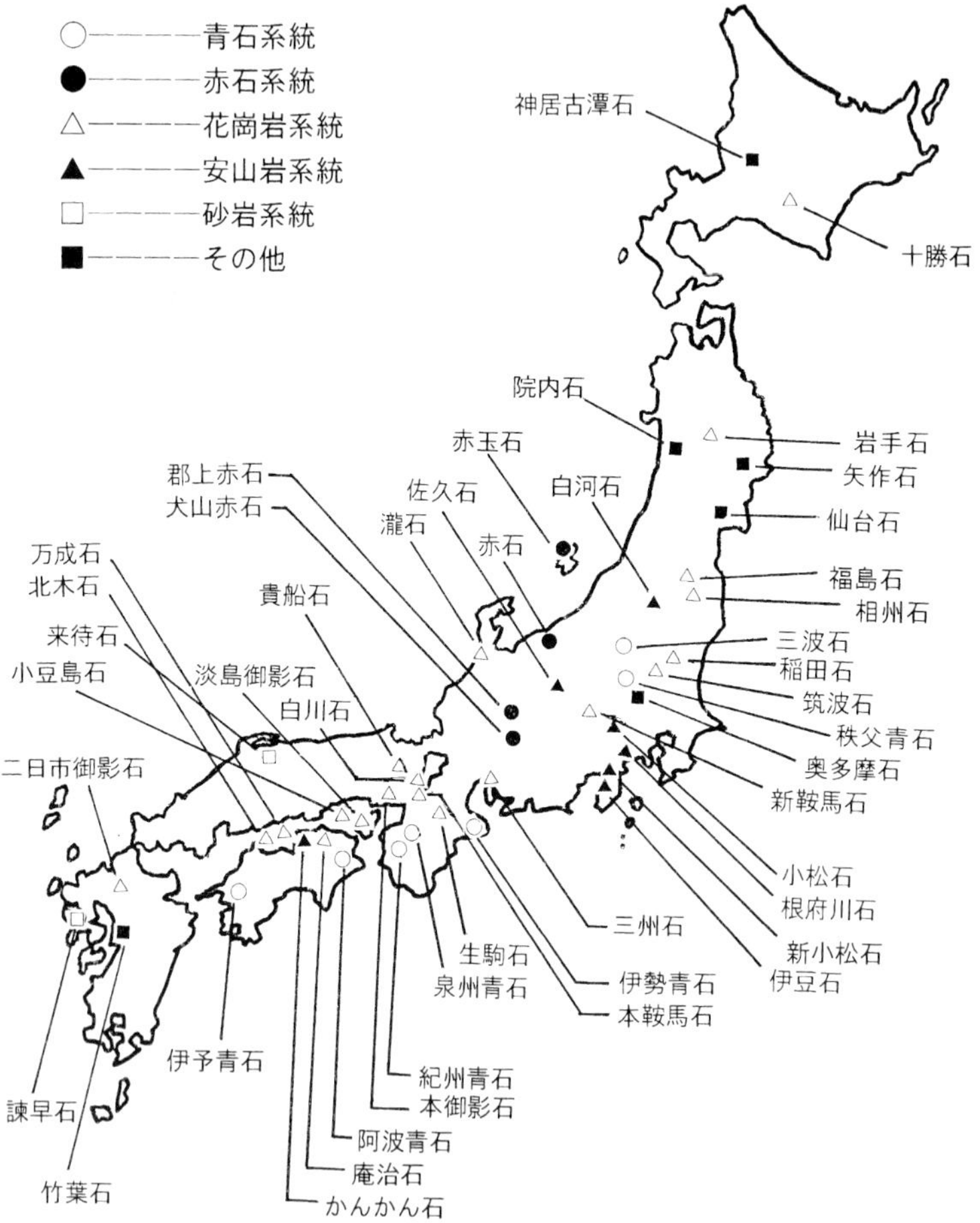

＊昭和49年当時の資料に基づき作成

◆庭石の名称とは

山石と川石の大体の区別がついたところで、庭で使う石について個別に見てみましょう。

庭石の名称は、採掘される場所、つまり産地や岩質の特徴によって名が付きます。

したがって、学問上は、まったく同じ石質であっても、庭石としては違った名が付けられている場合もあります。

表1は、県別にまとめた主な庭石の一覧表です。また地元では違った名で呼んでいることもありますが、ここでは一般的に呼ばれている名称をあげました。

花崗岩(御影石《みかげ》)

花崗岩は一般に御影石と呼ばれていますが、これは神戸市の東部、御影地方から良質な花崗岩が産出したところから、これを本御影と称し、これに対し、各地から産出するものを、その地名を取って、三州御影、甲州御影などと呼んでいます。

花崗岩は、火成岩のうち深成岩に属します。もっとも花崗岩は、堆積岩が固体のままで花崗岩に変わったという変成論もあるようです。

成分は酸性。白色、淡灰色、淡褐色をしており少量の有色鉱物を含んでいます。この鉱物の度合いにより、黒雲母花崗岩、白雲母花崗岩、角閃花崗岩などと呼ばれています。

一般に粗粒で、その組織には方向性がなく、比較的耐久力があります。

景石などの他、沓脱石、飛石、水鉢、燈籠、石造添景物などに使用されます。

錆の付いた本御影などは相当高価で、本場のものは、他に比べ硬度、色沢、雅致に秀いで、風化して渋みのある趣を醸します。

また、鞍馬石、一名本鞍馬と呼ばれるものは黒雲母花崗岩で、鉄錆が全面に付いているものが善しとされます。新鞍馬(甲州鞍馬)に比し、この錆色の冴味で水をあけています。

三州御影は、三州燈籠が有名なくらいで、

燈籠、石塔をはじめ各種の加工品をつくっているので三州石の景石は少ないようです。

その他、小豆島（福田御影、小瀬御影、大部御影など）、伊勢御影、甲州御影、丹波鞍馬、丹波石、筑波石、生駒石、瀬戸御影などがあり、我が国では、他の種類の岩石に比べて、その産出量が豊富で、広く用いられています。

青石（結晶片岩）

かつて青石でなければ庭石でないぐらい脚光を浴びましたが、青石は、変成岩のうちの緑泥片岩で、青の他、白、紫もあります。

青石の中で、最優良とされているのは伊予青石です。その理由は、他と比べ、冴えた青緑色と、長年経ても少しも褪色せず、硬度や石理の点で優れているからです。

結晶片岩系の青石は、我が国のどこからでも出るわけではなく、一系統線に沿った地方から産出します。

すなわち、北海道の旭川の西方に始まり、東北の阿武隈、関東の秩父（秩父青石、三波石）を経て、諏訪、飯田、天龍川地域、紀伊半島、和歌山（紀州青石）、一度海に潜って徳島（徳島青石）に現われ、四国を横断し、伊予（伊予青石）を経て、再び海に没し、九州で臼杵半島、天草に通じます。

青石は、景石をはじめ飾石、橋石、組石、枯山水の鏡石などに用いられます。

東京周辺では三波石が有名ですが、採掘を大分制限されています。秩父にも青石がありますが、秩父はすべて青色ではなく、赤も紫もあり、その他非常に多くの種類があります。このように一地域でも種類の違ったものが産出する例は多いようです。

安山岩

安山岩とは火山岩で、灰色、淡紫色、青灰色、褐色をしており、斑晶として、斜長石、角閃石、輝石があります。

関東地方では、最も産出量が多く、江戸城

築造のときも舟によって大量に持ち込まれたのは有名です。

関東の人にとっては、本小松、新小松をはじめ、根府川石、伊豆石などに親しみを覚えるでしょう。

用途としては、景石、飛石、沓脱石の他、墓碑や敷石に加工されます。

敷石といえば、輝石安山岩である鉄平石です。鉄のごとく堅固で平らに板石として使用できるのでこの名があります。

鉄平石は景石や飛石にも使用する場合もありますが、小端積にして壁泉や腰張、また門柱やテラス、延段などの石張として利用されています。

また火成岩のうち、安山岩と似た成分を持つ玄武岩に、伊豆の大仁、沼津で産する六方石があります。鉄平石が張石を専らとするのに対し、六方石は、断面が、三、四、五、六角などの棒状で、石柵、縁石、段石、乱杭、土留に用います。

赤玉石

赤玉石といえば、「佐渡の」と形容詞が付くほど有名。最高級品です。石質はチャート。硬質、無水酸化鉄を含むため赤色を帯び、光沢は美しいです。水石や盆石にも珍重され、主に玄関前、前庭の飾石に用いられています。

産地は両津市の赤玉部落と福島県只見川の岸ですが、類似した石を赤玉といいます。

尾張赤玉、郡上赤玉は岐阜県郡上郡から産出されます。犬山地方から出る犬山石も赤石です。加工はせず、景石として使います。

凝灰岩

凝灰岩の代表は、大谷石ですが、土木建築用石材として用途が多いです。

どうしても落とせないのは京都の北郊、貴船口から貴船神社に至る賀茂川の河床や河岸で産する貴船石。輝緑凝灰岩ですが、黒紫色、紫色、帯青色で美しく硬質です。紫を紫貴船といいます。高級品で水石では稀石として尊

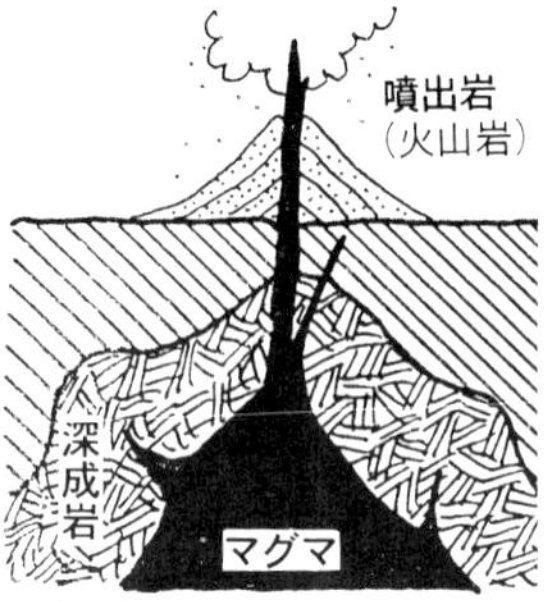

火成岩、深成岩の生成過程模式図

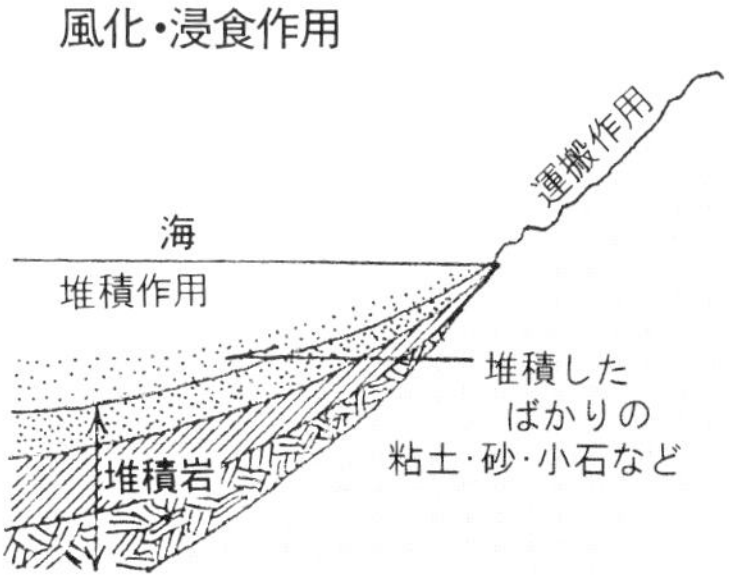

堆積岩の生成過程模式図

ばれています。現在は規制のため採れません。紫貴船に近いのが清瀧川石、これを貴船石と称する場合もあります。

◆岩石の種類

岩石は、地球を構成する物質です。一種または数種の鉱物からできています。その岩石の生まれ方によって火成岩、堆積岩、変成岩の三種に大別できます。

火成岩は、地下の高温高圧の液状物質が、地中や地表で冷えて固まったものです。その過程の違いで深成岩、半深成岩、火山岩に分類できます。

堆積岩は、風化・浸食作用で生じた礫、砂、火山から噴出した火山灰、火山弾、また海や川の水に含む成分が水底に堆積し、固まったものです。

変成岩は、火成岩や堆積岩が地殻変動で地中に沈降し、高温高圧で元の岩石とは性質の違う岩石に変化したものです。

◆色、錆、硬度など

庭石の色をいう場合、古くから青石(伊予青石、紀州青石など)、赤石(佐渡の赤玉石)、黒石(那智黒石、真黒《まぐろ》石、黒曜石)などの他、白、紅、紫、緑などがあります。九州の紫雲石や京都の紅賀茂石は色で命名しています。

一方、暗色、渋い色、鈍い色を本領とする石もあります。さらに風化作用で錆が付き、趣を増します。錆は酸化作用ですが、本鞍馬の錆は見事です。
次に硬度ですが、やはり硬いほど価値があり、錆も付きやすいです。（逆に軟らかい石ほど苔が付きやすいです）
石の重さはもちろんトン数で表わしますが、硬質の石ほど重いのは当然で、善しとされています。表2は重量の平均値一覧表です。大きさと重さとの関係は、一m^3のもので平均して二トンから二・五トン位と思えばよいでしょう。

『庭』本誌十九号（昭和四十九年十二月一日発行）より改題改訂して転載

種　類	比　重	1 m^3当たりのkg
花崗岩	2.63〜3.61	2630〜3610
本御影石		平均　2632
小豆島石		平均　2670
筑波石		平均　2632
安山岩	2.46〜2.88	2460〜2880
鉄平石		平均　2606
青　石		平均　2430
凝灰岩	1.99〜2.81	1100〜2310
朴　石		平均　1892
浮　石	0.4〜0.9	400〜900
砂　岩	2.02〜2.65	2020〜2650
石灰岩	2.68〜2.75	2680〜2750

表2　庭石の比重と平均重量

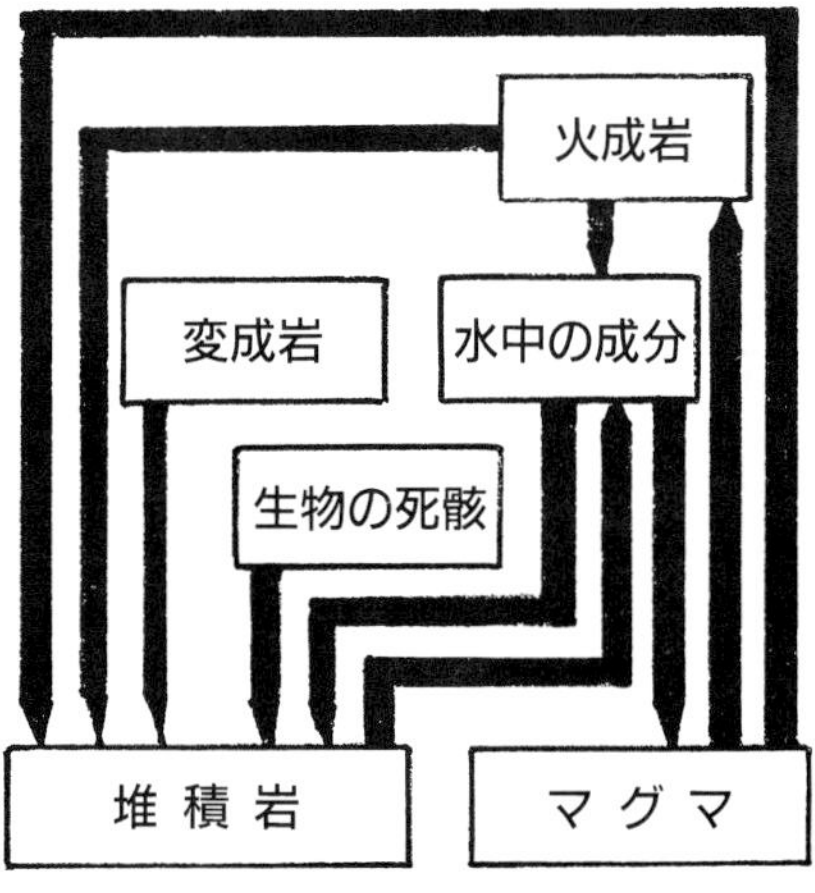

岩石の生成構造図

石の表情とは

――裏表と勢い――

◆石には顔がある

よく、石の顔とか、表とか裏などといいますが、石にも上と下、前後、頭と脚があります。千差万別の形をした石の顔を見分けるのは難しいかも知れませんが、一応一般的にいわれている石の各部の名称を理解して、たくさんの石を見れば、次第に、顔がわかってくるでしょう。

図❶は、一般的な石の各部分の名称です。石の形はいろいろですが、一応人間の身体と同じように、上から頭、胴、腰、脚、あるいは、肩とか顎、鼻などの名称があります。頭の上の平らな部分は、天端《てんば》といいます。

石の各部の名称はわかっても、どちらが正面、つまり顔か、といいますと、これが一番難しいところです。層理や襞、石の形や凹凸を見て、据えるとき、どちらを正面にしたらよいか、どういう向きにしたら安定感のある据え方になるか、まず考えてみます。

長い間、石と付き合っている造園屋さんや石屋さんに聞くと、石がこっちを向きたい、あっちを向きたい、と語っているそうです。無言の石との対話などというと、精神主義的で、はなはだ理論的でありませんが、初めは、じっと見ていて、表らしいほうを表に、顔らしいところを顔と思えばいいわけです。

よく、動物の形に似た石がありますが、これなどは比較的、表を決めやすいようです。あるいは山形をした石、屛風形の石、柱形をした立石、臥石形の横石、段形の石などあり、そこに窪みや出っ張りがあったりして、なかなか一概に決められません。石の種類、特徴とも関係しますが、要はその石が最も主張するところ、見て欲しいと思っているところを表とすればいいわけです。

　しかし、石の表と裏、顔がわかっても、必ずしも顔を真正面に向けて使うとは限りません。上下は上下、顔は顔として、あえて、逆さにしたり、後ろ向きにして据える場合もあることだけは心に留めておいてください。もっともそのときはすでに、後ろを裏とはいわず、表というかも知れませんが…。

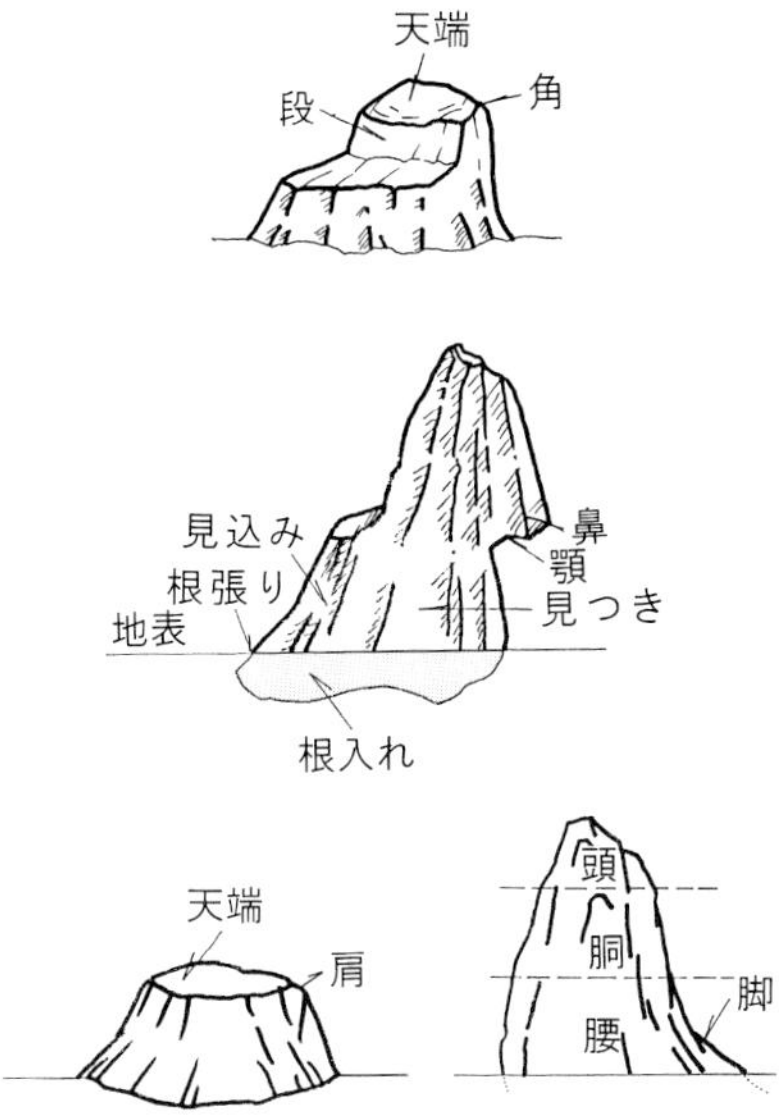

図❶　石の各部分の名称

◆石の勢いを知る

さて、主に独立形として据える場合、つまり単独で景石や飾石、あるいは捨石として据える場合を考えてみます。

　一般的にいえることは、石の根が浮かないように根入れを深くすることです。石を大きく見せようとして、石を地表に出したがりますが、これでは安定性がなくなります。昔は半分以上埋めるのが普通だったそうですが、現在では、世知辛くなったのか、五トンの石を二トンか二・五トンしか出さないことはしなくなったとのことです。できれば五トンまるまる地表に出して欲しいというのが、施主の希望だそうです。その希望も無下にはできませんので、浮気味とか、地表と縁が切れているとか、不安定な感じ、軽々しく置いた感じがなければ、必要以上に埋めることはありません。

　次に石の勢い、気勢とか威勢とかいいますが、それを強調することです。これは石の層

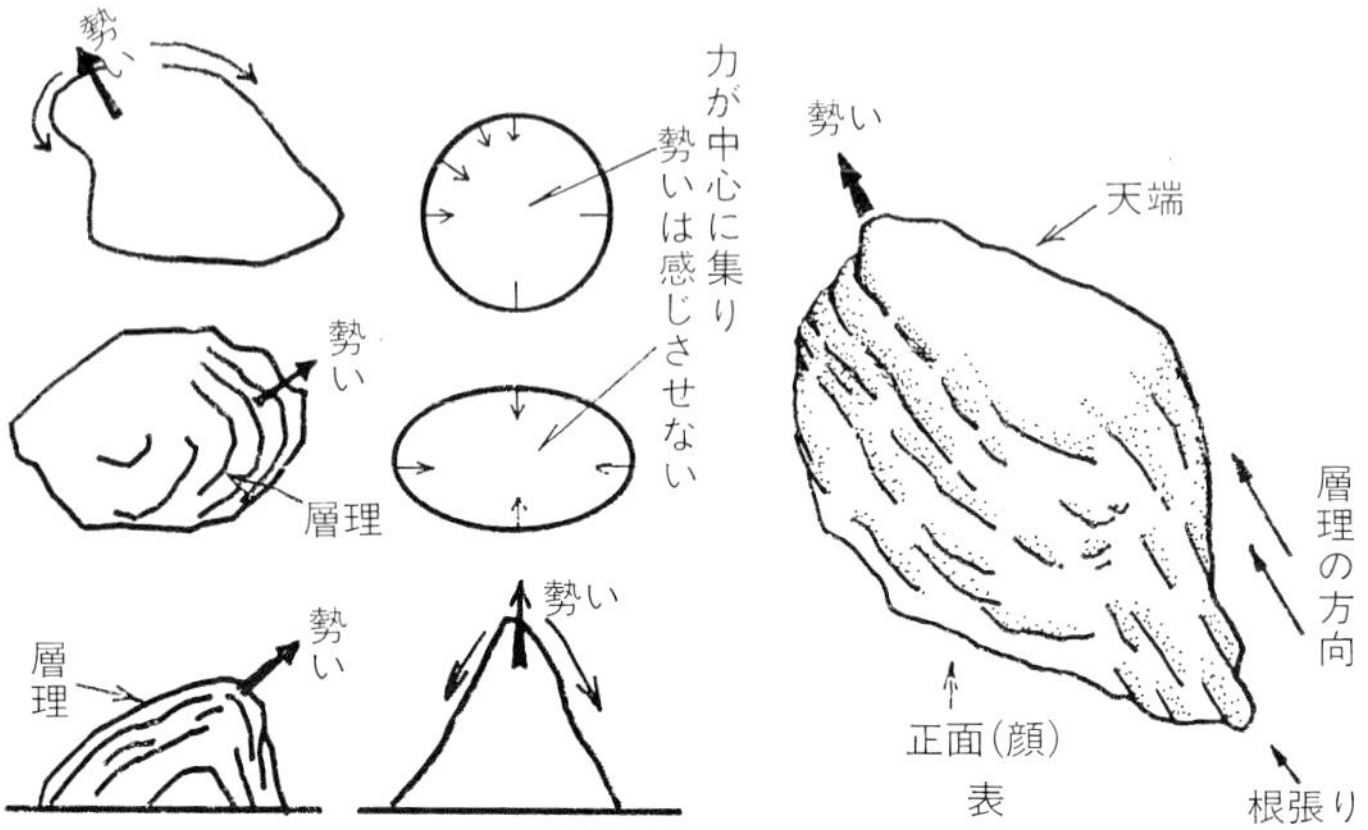

図❷　石の勢いは層理を読み、判断して表わす

理がどちらを向いているか、にも関係しますが、層理や凹凸を見て、その石の勢いを知り、石の主張したい個性を十分表わすようにします。

伊予青石などの片岩系統のものは、青緑色の層理がはっきりしていますし、堆積岩、変成岩などにも見られます。しかし、筑波石などははっきりわかりません。塊状岩の花崗岩などは、これがないからで、そうした場合は、石全体を見て決めます。

石の勢いを知り、向きを決め、根入れを深くして浮いたようにならず、さらに少し前かがみに据えたほうが良いようです。後ろにそっくり返ったようなのは、不安定です。

図❷をご覧ください。円や楕円に近い石は勢いは感じませんが、凸部があるもの、層理のあるものは、勢いが表われています。

『庭』本誌十九号(昭和四十九年十二月一日発行)より改題改訂して転載

石を回して変化する石の表情

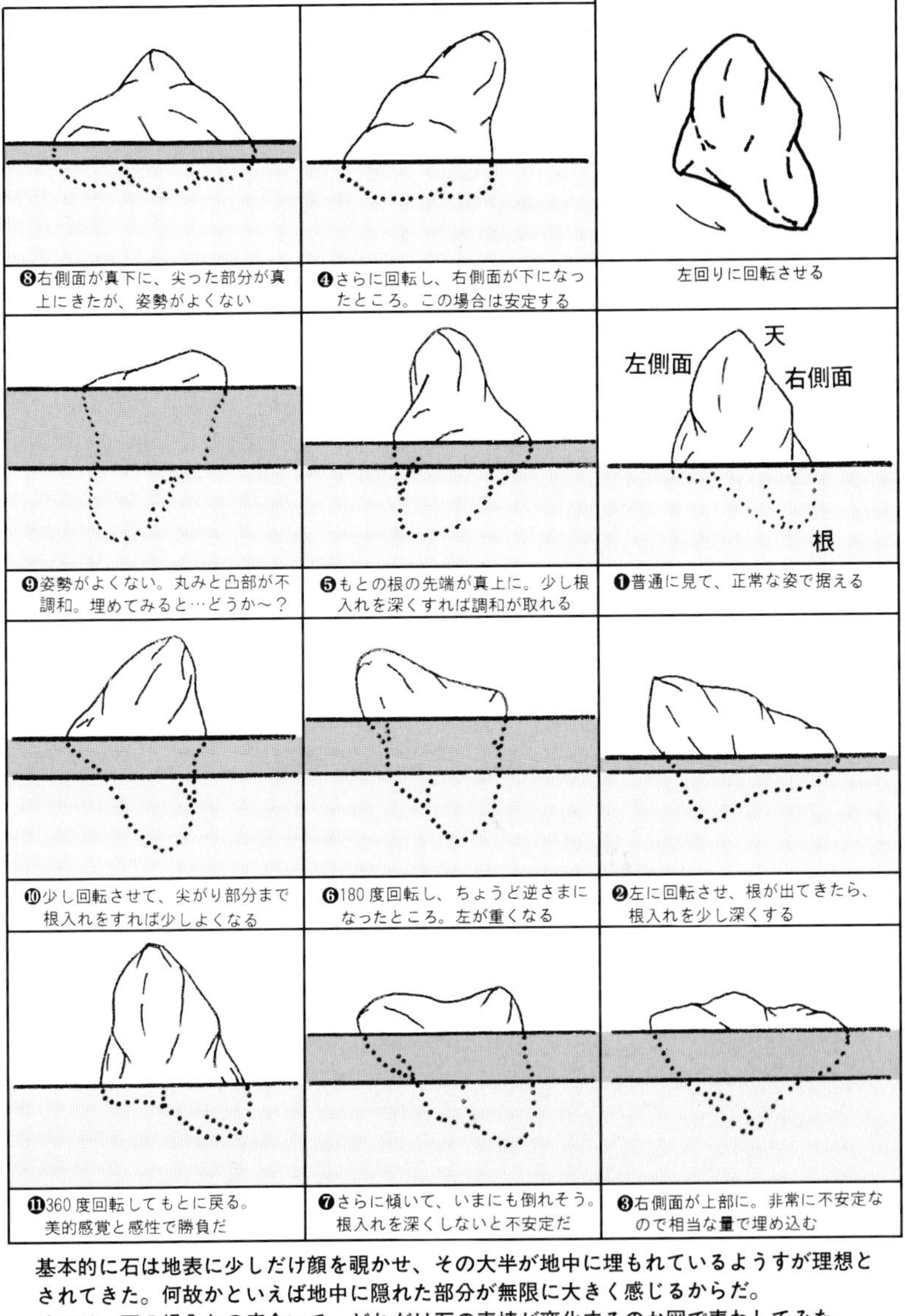

❽右側面が真下に、尖った部分が真上にきたが、姿勢がよくない

❹さらに回転し、右側面が下になったところ。この場合は安定する

左回りに回転させる

❾姿勢がよくない。丸みと凸部が不調和。埋めてみると…どうか～？

❺もとの根の先端が真上に。少し根入れを深くすれば調和が取れる

❶普通に見て、正常な姿で据える

❿少し回転させて、尖がり部分まで根入れをすれば少しよくなる

❻180 度回転し、ちょうど逆さまになったところ。左が重くなる

❷左に回転させ、根が出てきたら、根入れを少し深くする

⓫360 度回転してもとに戻る。美的感覚と感性で勝負だ

❼さらに傾いて、いまにも倒れそう。根入れを深くしないと不安定だ

❸右側面が上部に。非常に不安定なので相当な量で埋め込む

基本的に石は地表に少しだけ顔を覗かせ、その大半が地中に埋もれているようすが理想とされてきた。何故かといえば地中に隠れた部分が無限に大きく感じるからだ。

そこで、石の根入れの度合いで、どれだけ石の表情が変化するのか図で表わしてみた

根入れの深さで変わる石の表情

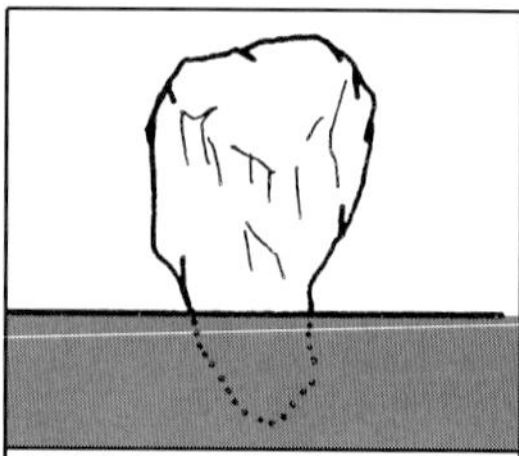

❶層理が縦に走り天端も広い石だが、脚の部分が極端に細くなった

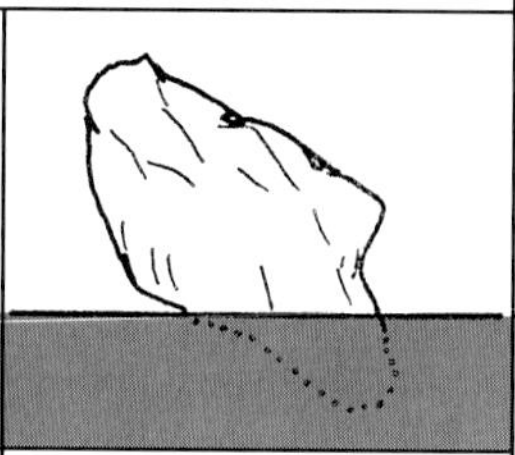

❶横型の石なので、伏せて使ってみる。天端を出すとこんな角度に

どこまで埋めたら一番姿がよく、安定感が出るかを見極めなくてはならない。ここでは三つの石で根入れを変え、表情の変化を確認したい

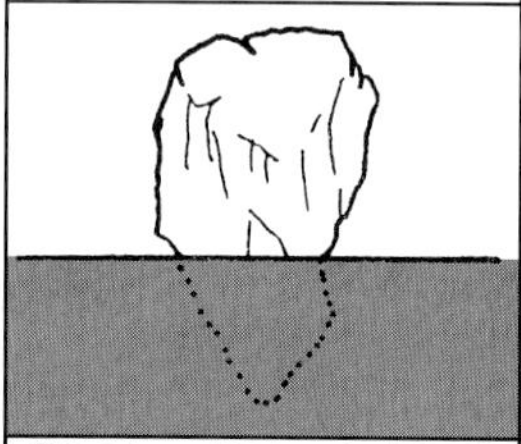

❷ここまでの根入れでは、根元が大変細くなったので、不安定気味だ

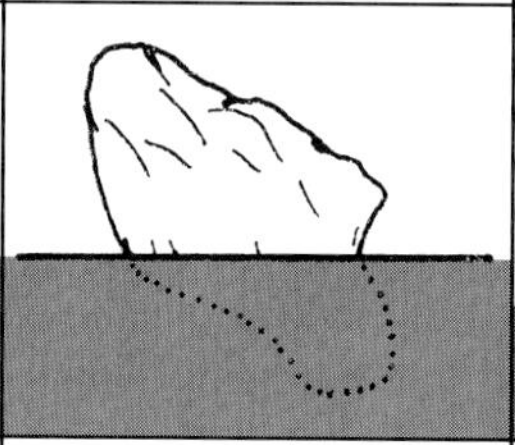

❷根が切れないギリギリのところ。右側のくびれがまだ不安定だ

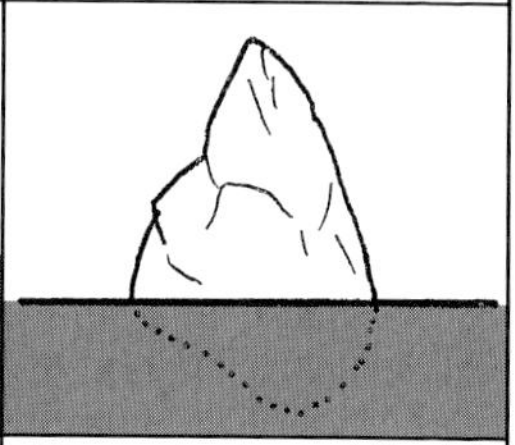

❶根張りのある先の尖った段のある石。この辺でも安定する

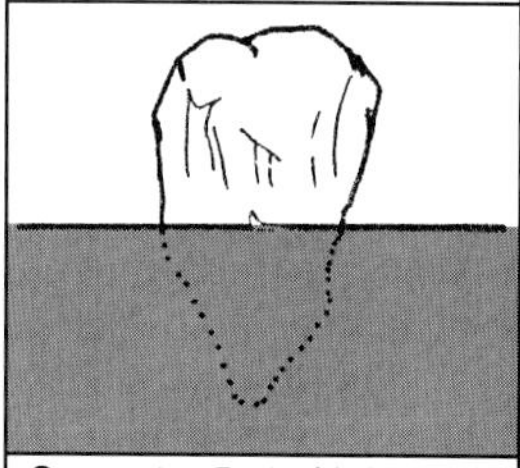

❸この辺まで埋めれば十分かもしれない。面白みも出てきたようだ

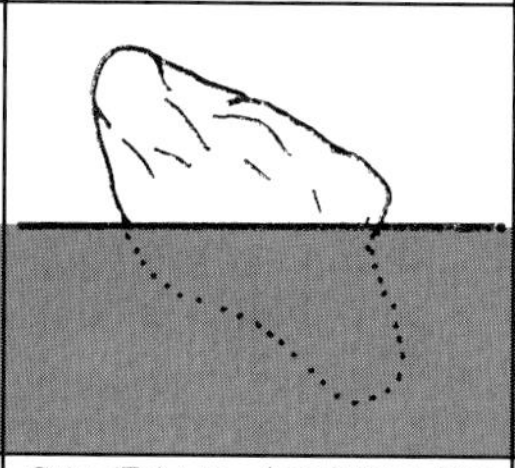

❸少し深くして、右のくびれた感じを和らげた。さあ、どうか

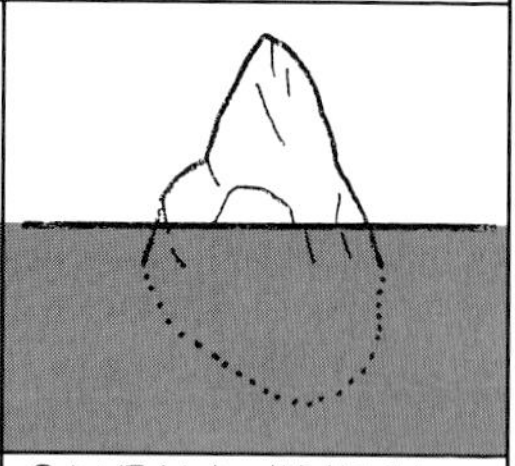

❷少し深くした。どうだろうか。深くする必要もないか・・・

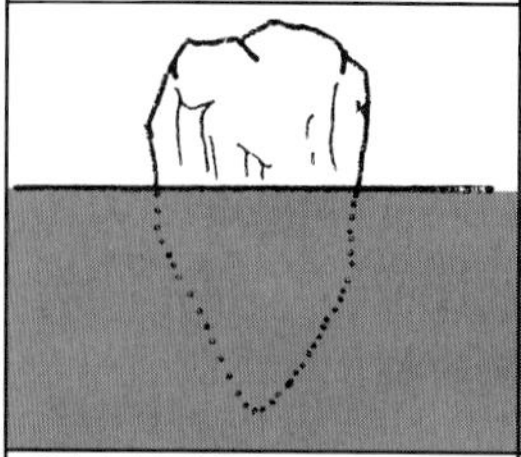

❹安定感と重量感はここまで埋めれば十分すぎる、後は他との調和だ

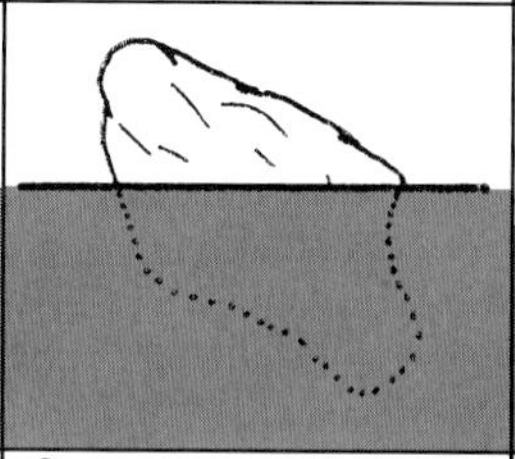

❹上部のなだらかな部分のみを地上に出したところ。変化に乏しい

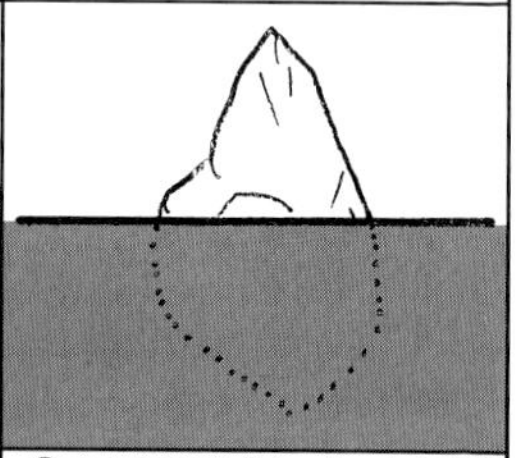

❸ここまで埋めると、せっかくの美しい石の段が隠れてしまう。

同じ石を正面から見て、左方向へ一回転、つまり360度回転させて、どれだけ石の表情が変化するのか、また、根入れの深さの度合いによってさらに変化するようすを図示してみた。石の表情は据える作庭者の感覚が勝負だということがよく理解できよう

孤高の庭匠

大原孝治さんの石組

鮮烈な石組——孝雪庵の庭

山梨県笛吹市石和町

土留代わりに石を据えた孝雪庵へのアプローチ

表門から眺めた孝雪庵へと続く大飛石の渡り

洞窟のような石組が従来の茶庭の概念を打ち破っている

蹲踞の周りを石で囲んだ特異な露地の眺め

この露地は形のみでなく、陰翳に凄みを感じる。洞窟のような石組は手水鉢からの水音を反響させ、外部の騒音を掻き消すのが目的

終の棲家——栖雲寺庭園

山梨県甲府市大和町

栖雲寺庭園の入口に当たるところからは、畑に散在する露頭岩が石組のように見えた

発掘するように表土を削り取り、顔を覗かせるように現われた巨石群

見上げるような山の斜面に石が点在

陽光を遮る木の下であってもその存在感は薄らいでいない

自然の露頭岩を活かし、表土を削ってできたのがこの眺めだ

不変不動の石、四季変動の木といった相対するもの同士が凄みのある景観を生む

石と木がつくる影の線と面

大原孝治さんに聞く

栖雲寺の石組発見

聞き手＝豊藏　均

大原孝治氏（1908〜1994）
生きる真理を仏法に求め、後に作庭界へ入門し、修業は京都で受ける。重森三玲の作庭論に異論を唱え、持論を立証するため全国6千ヵ寺を訪ね歩き、当時無住であった栖雲寺を発見

■人間の真理を求める

——先ず、庭匠の大原孝治でなく、それ以前の一人の人間として大原さんがどのような過程を経て、この庭の世界にはいっていったのかお聞きしたいです。それと、大原さんがお寺の庭に大変詳しいばかりでなく、仏教についても詳しいですね。そのことから想像すると大原さんの風貌が〝枯淡な禅僧〟のように見えてなりません。

大原　僕らの若いときというものは、今の若い人には理解できないと思うが、大正デモクラシーの時代に若き血をたぎらせていました。

あの時代の僕らはマルクスの資本論を読まない者は人格を疑われたほどです。ところが、僕のようなおかしい奴は読んでもよくわからないんだな。どうも自分でもピンとこない。だから心の焦りというのが出て、何とか周りに追いつきたいと考えたがる。

ちょうどその頃、僕は東京に出てました関係でお坊さんの子息と友だちになっていましたから、その友だちに、「おいっ、お前の親父に会って聞きたいことがある」と頼んだ。ところが、その友だちは芝の増上寺に僕を連れて行き、何と大僧正に会わせたのです。

――それが仏教との出合いだったのですね。

大原　まあ、その友だちとの関係で対面できたのですが、まったく討論にならんのです。そこで大僧正が虎屋の羊羹を厚く切ったのを出して、お茶となったのです。

そのとき、「お前らは何もわかっちゃぁいない、ただ、これだけは考えろよ」というんです。「人間、なぜ飯を食って生きてるんだ。これがわかりさえすればいい」とその大僧正が話されたんです。

そのとき僕などは、何をバカなことをいってやがるんだ、と思っていましたね。

――その答えがわかったのはいつ頃ですか。

大原　長くかかったね。実をいうと終戦直後にわかった。それまでの軍国主義の時代では〝陸軍大将、海軍大将〟といえば神様みたいな存在だった。ところが戦争に負ければ、そんな価値観というか現象は、すべて吹き飛んで消えてしまう。

――名誉や地位という価値観も時代の変化とともに変わってしまったのですね。

大原　それでも人間は生きてるんだな。生きているというのは事実なんだ。そして、生きているということは、人間の真理そのものなんだ、名誉や地位は現象なわけです。

だから現象は時代とともに変わるが真理は不変なんです。

そのことを大僧正は教えたかったわけだ。これがわかったのも戦争に負けたからこそと思っています。この後、感謝の念が湧き、大僧正の墓前に行ったものです。

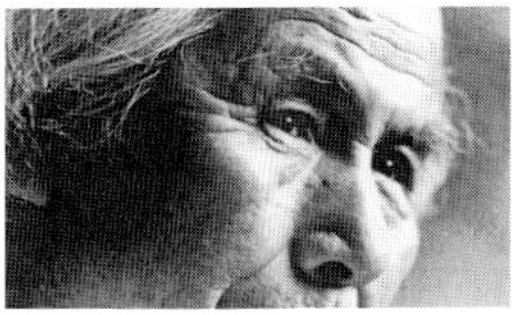

■三年半、毎日が草取り

――この庭の世界にはいったきっかけは。

大原　昭和の初期、埼玉県にある久喜の甘棠《かんとう》院というお寺に行って、老師に出会ったのがそもそもの庭に出合ったきっかけです。

――先程の「人はなぜ生きるのか」の真理を求めてですか。

大原　そうかも知れんです。しかし今の世の中、あのような老師みたいな僧侶はいなくなりましたね。人間を見て、どのような修行を積んでいったら、何が一番近道になるかを見分けることができる老師だった。

とにかく僕などは老師に会って「草を取れ」といわれました。そして僕などは三年半の間、毎日草を取り続けてきた。最初は「何で草取りなんかを……?」と腹を立てながらでしたが、そのうちに腹が立たなくなってきた。

――そこには何か大きな変化が大原さんの胸中に起こったのですね。

大原　草取りをしながら思ったのですが、人間というのは有限でしょう。ところが草は無限なんです。

これは一つの哲学ですよ。

その草に僕が挑んでも生涯かけても取り尽くせないわけです。取り尽くせないところにおもしろさがあるんです。

京都で八年間、作庭の修業を受けた〈石寅〉の寅さんという僕の師匠も同じような経路を辿って修業をした人だった。だから僕と非常に呼吸が合ったものです。

――同じ体験を通してきた、ということにつながりますね。

大原　だから教えるのに言葉を用いないわけです。

自分でやってみて、やらせてみて何回かやって気に喰わなければ駄目なんです。「なぜなんだ」という言葉を交わすことはない。そうしてくれることが大事だと思うんです。何でも説明すると悩まなくなる。

■石を組むときは無我の境地

大原　例えば石一つ取ってみても、三十面ぐらいあるでしょう。

その中の一つを取って据えるわけでしょう。仮に良い面を出しても石が浅かったりする。石を深く据えようとすれば、良い面が隠れる。

このようにして、やはり教えじゃない。自分の感覚というものでもない、こうなると偶然ですね。

だからよくいわれるけど、僕が石と取り組むと目の色が変わると、いわゆる〝無我の境地〟というか、それほど真剣になります。

――庭の世界に限らず、どの世界も同じですね。能や歌舞伎でも一緒だと思いますが。

大原　そうです。決して絵や彫刻をする者と、石を組む者と比べてどっちが優れているなんて、そんなバカな話はありません。すべて一緒です。

だから相阿弥や善阿弥などは苦しみを知り合っていたのではないかと思います。

その苦しみが楽しさへと転換していくところに本物ができる可能性が潜んでいる。

――苦しさを超えたところに、楽しさがある。これは境地の高いか低いかの問題ですね。

大原　そうです。

――そこまでの境地に到達するまでに投げ出してしまうのでしょうね。営利主義に走ったりするのもその一例でしょう。

ところで、三年半もの間、草を取ってきて、「これでよしっ」と思われたのですか。

大原　そうじゃないんだ。こちらが折れたというか、負けてしまったわけだ。

そのときは、何だかわからないから、もうそろそろ教えてくれてもいいじゃないか、と思ったぐらいですよ。

それまでは「このクソ坊主め、誰が止めるものか！」と根だめしですからね。

――それでいよいよ老師に「経を教えていただきたい」と頼んだのですか。

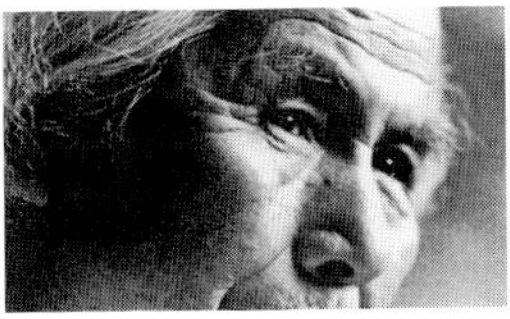

大原　そのときは本堂にはいり、姿勢を正して頼みました。ところが老師は「お前は経を学んでどうするのか、それを考えてから返事をしろ」というんです。

老師が僕の三年半を見ていた。参道から庭までの草を取っている姿で「こいつは庭に向いてるなあ」と思ったのでしょう。それに僕自身、経を学ぶのは何のため、という目的観は薄かったと思う。

■人間、体験が一番大事

――草を取る、という行為を通じて、大原さんの資質を見抜く意味で試したのでしょうね。それにしても厳しい試し方ですね。

大原　だから僕は掃除や草取りをやったら誰にも負けはしません。

そんな意味で庭師の腕を試すのなら、掃除が一番ですよ、掃除ができる庭師は信頼がおけると思います。

――庭との出合いは草取りにあった、と考えられますね。

大原　草を取る、とは実に腹が立った。そのうち、草を取った後の清々とした晴れがましい気持ちの良さを感じるようになりました。

今、思うと老師という人は、その気持ちの良さを体得させるために、この僕に草取りを命じたと思えます。それを身でわからせることが大事で、口でいっては駄目なんだなあ。やはり、人間は体験することが第一条件です。

石にしても、庭の構成にしたって言葉でいくら説明しても、絵に描いても駄目なんだ。

――石を立てたとき、逆に寝かしたときに、こちらの胸にどう感じるか。そのときの「いいなあ」という感情が起こるか起こらないかなんでしょうね。

大原　大事なのは気持ちが動くことです。

■栖雲寺の庭を発見するまでの道

――気持ちが動かされる、といえば栖雲寺の庭を初めて見たときの感想はいかがでしたか。

大原　これほどの庭を構成する感覚の鋭い僧がいたのかと思うと、本当にビックリしてしまいました。

だから心底、惚れ込んで押しかけてきた。

――このお寺に住みついてから何年になりますか。

大原　もう、かれこれ三十年になります。僕は自分で全国の禅寺を何千も見て廻ったが、こんな庭は他にはない。

――どのようなきっかけで、この庭を発見したのですか。

大原　僕はここに移り住む前は京都にいました。もう三十年以上も昔ですから、僕も若かったし、血の気の多い性格だった。そんなことでずいぶん重森三玲さんに喰らいついたものでした。あの当時の重森さんといえば自他ともに認めた庭園研究家ですからね。それでその人に「あなた、何いってんだっ」とよく歯向かったものです。

――重森さんの唱える作庭論に対して異論をはさんだようですね。

大原　重森さんは、簡単にいえば「作庭というのは人間がすべてにわたって〈造りあげる〉ものだ」が、定義なんです。

ところが私は、それだけでなく、自然の地形を巧みに利用して人間が最小限に手を加えた庭があっても不思議じゃないっていったんです。しかし、重森さんも全国の庭を踏査した結果、そんな庭はないだろう、仮にあったとしても庭とは認めない、というんです。

それで僕も若かったので、「それじゃあ、この俺が見つけ出してやる」と啖呵を切ってしまった。それで全国流浪の旅に出たわけです。

――ずいぶん思い切ったことをいいましたね。それで生活の資金などはどうしたのですか。

大原　この僕が流浪の旅を続けるのに応援してくれた人がいる。この人も植木屋でして、「植物の分布を調べながらやれよ」というんです。特にそのときはブナの生態と垂直分布を調べながら山の中にはいって行った。

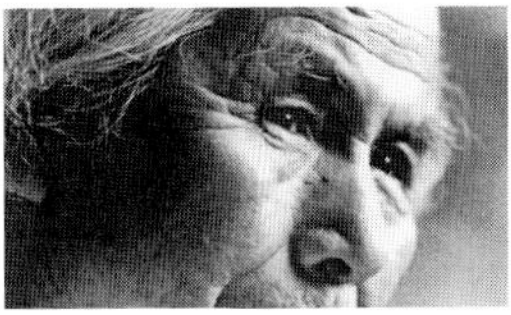

そこで、この山の中へもはいってきたわけです。そのとき、どうも予感というか胸騒ぎがする。そこでこの本堂の横から裏側に立ってみました。すると山腹に大きな石が三つ目に止まって「これはただごとではない」と思い、少し時間がかかるが調べてみようと決めたのです。

――その当時、どんなようすでしたか。

大原　まあ、ともかくものすごい藪で、村の人も知らない。文献もあるわけでもないし、まったくどこから手をつけていったらいいのかと考え、発掘調査で行なうトレンチをあの山の中腹に一本掘っていった。

そうしたら立石にぶつかった。「これは、しめた」と思いましたね。この立石の存在によって確信を得て「もう絶対に大丈夫」と思い、この石の脇に立って「ざまあみろー」と重森さんに向かって叫びましたね。

――その当時の栖雲寺は無住のお寺だったわけですから、ひどく荒れていたのでしょう。

大原　それから鎌倉の建長寺に行って、この寺の面倒をみるため住みつきたいと申し入れて許しを得たわけです。

――この庭に出合って感動し惚れ込み、とうとう住みついてしまったわけですね。

大原　ここは庭でなく寺なんです。庭そのものが寺という修行の場になっているんです。

お寺の庭が持つ本質的な意味とは

大原　どうも僕からすると学校出の人は庭に対するときにどうしても〝甘さ〟があるように思われる。

だからそういう人たちを批判しちゃぁ申しわけないが、庭、特に禅寺の庭というのをよく知らないんじゃないかと思う。それからどうもその場所が持つ意味を考えちゃいない人たちがとても多い。それでは困りますよ。

やはり寺の庭をつくるのなら、まずその寺がなぜあるのか、そこをよく考えなければならない。

―本質的な意味を問い直すことですね。

大原　なぜ、この寺が残っているのか、その意味がわからないままに庭をつくってしまうところに問題がある。

だから兵庫県のある寺なんかに四神相応の庭をつくってしまう。僕にいわせれば、あんなものどうにもならんね。観光客を呼びたいのならもう少し考えて欲しい。

―お寺の僧侶もわからないままに庭をつくらせている。

大原　そう、方丈さん（住職）もわかっていないから始末におえないなあ。

お寺の伽藍配置もこれすべて宗教的儀式をする場所なのです。ところがどういうわけか放生池に中島をつくってマツを植え修景してしまった禅寺が出てきたりするんですね。

―やはり宗教の教義が庭でも大切になるということですね。

大原　昔の寺を調べるとね、庭に関したことをすべてやる園頭《えんず》和尚というのがいた。この人が雲水たちに指示をして作庭や手入れをしていました。だから庭のことについてすべてを聞けばよかったと思います。

―今と違って、昔は僧侶というのは最高の知識人であり、芸術的な感覚は優れていたと聞いてますが。

大原　その知識人が集団生活をしていた場がお寺なんです。

そのお寺の場に現代人が己の主観で庭をつくってしまう。そうした例がどうも全国的に多すぎます。もちろんつくる側だけでなく、頼む寺院側にも問題があるわけです。

お寺の庭の究極は人生観を表わし、仏教そのものの教えを表わしているもので、曼陀羅なんです。そうしたところをよく心得て欲しいですね。

―まだまだ、お話は尽きませんが、このへんで終わらせていただきます。ありがとうございました。

『庭』八十八号（平成四年十一月一日発行）より改題して転載

先人が残した

石組語録

井上卓之
岩城亘太郎
岩城庄次郎
小形研三
小島喜八郎
中島 健
東 梅里
蛭田貫二
（敬称略）

自作の庭にくつろぐ井上卓之氏

材料を知り抜く――井上卓之

材料を知ることは重要なことです。

何故ならば、庭づくりの多くの場合は材料がデザインを決め、ときにはイメージを固めるという結果になり、また反対にイメージやデザインがおのずから材料を決定するという相互作用のあることを忘れることはできません。例えばある植栽景観をねらった場合、おのずからそこに選ばれる樹種は決まってくるだろうし、このときこの樹種はそれでなくてはならないのであり、ただしこれが変えられる場合は、根本的にイメージかデザインが変わってきます。

石においても然り、花崗岩、安山岩、緑泥片岩など、その石質によって形状や色彩はもちろんのこと、その質感、肌合いも違ってきます。また同じ種類の石でもその産地によってまったく違ってくることも、庭づくりには極めて大切なことなのです。

昔から名石と呼ばれた石、例えば、貴船石、鞍馬石など、その種類はともかくとして色彩や肌合いが名石としてもてはやされたことなのでしょう。

私はここで特に名石や名木を推奨する意図はありませんが、私たちが石組や石積を考えるとき、そのイメージやデザインによって石の形状や色合いを吟味することは当然の作業となってくるわけです。このことはまた、まったく逆の場合もいえることであり、材料をよく知るということは、実は、庭のイメージやデザインに関わってくるわけです。

材料を知るという上においてまた、次のことを考えなければなりません。それは自然の

井上卓之氏作品＝N邸の庭

材料が産地でどのような風景をつくり、どのような状態で産しているかということであります。例えば黒松の林はどのような状態で成育しているのか、あるいは自然石はどのような状態で地形をつくり産出しているのかなど、このことは前にも述べました風景との関係においても大事なことであり、当然イメージを固めデザインを施す上においても重要なことであります。

材料を知ることはただ単に形状や寸法を知ることだけでなく成育の状態や産出の状態を知ることによってそこに醸し出されている雰囲気や肌合いまでも感じ取ることにつながり、材料の選定、その使い方を決める上において大変参考になるのであります。

さらにその特色を風景にまで及ぼした場合、当然その地方のローカルカラーをも掴み取ることになり、これらのことは当然、基礎調査の段階で把握しておかなければならない事柄かも知れません。同じ花崗岩でもその産地によって石英、長石、雲母などの配分が違ってくるだろうし、特にこれを加工して使う場合、そこに現われてくる色合いや肌合いを計算した上でこれを決定し、それによってデザインを施すのは当然のことだと思います。

『庭・別冊』六号(昭和五十三年一月刊)より

岩城亘太郎――時代に合った石の使い方

技術を高め、よい庭をつくるには、具体的にどのような勉強が必要かといいますと、細かくいえば、先ず材料、石とか燈籠とか植木を勉強することです。それも理論だけでなく、実際のことを知らなくてはいけません。

設計部員と談笑する岩城亘太郎氏（中央）

例えば、全国からいろいろな庭石が出ますが、自分で各地に何度も足を運び、現地で石の特徴や産出の有無を知っておくことです。

また、各地の名園といわれるような庭や、常には見られない庭を、機会を逃さず見てまわったり、いろいろな人の話を聞いたりして、自分の身に意欲的に取り入れるべきです。これは岩城造園の者だけではなく、作庭家を志す人、誰しにもいいたいことです。（中略）

現在の私たちが、時代の変化を考えた上で、変えて行かなければならない点は、昭和、特に戦後は、庭の材料をふんだんに使えなくなってきていますから、それを先ず頭に置いておかなくてはいけないことです。

借景庭園といっても、だんだん経済的に贅沢でない時代になってきていますから、私はできる限りものを使わないで、さらによい庭をつくることを考えています。

そこで技法的には、植木の配置が重きをなしてきます。昔は石をふんだんに使っていました。これは商売ということもあるでしょうが、私にいわせれば、無駄なところに石をたくさん使っています。今の時代はそういうやり方では通りません。

私は、この石もあの石も省いてしまおうというくらいの考えで実際に、滋賀県の唐崎の長尾欽也氏の別荘、隣松園は、ほとんど石なしのやり方で作庭しました。

これは広い芝生に大きな石を一つ置いただけで、茶席の前には橘の木を一本だけ植えて、なるべく石を使わない庭にしました。そういう流れ（編者注＝石を控えめにした作庭手法の普及）をつくろうという意図でやったわけです。ですから、従来のものと違って、新しい流れができたと思っています。

東京の清澄公園、これはもう石をふんだんに使っています。

現場で指揮を執る岩城庄次郎氏

（株）岩城造園旧日本社ビル一階にあった喫茶店《ロシュ》の石組

日清だか日露だかの戦争の頃に、この庭はつくられていますが、東京中の植木が集まったといわれるくらいの大仕事です。

隅田川沿いの場所ですから、陸送ではなく船で運んだらしいのですが、紀州や四国から大きな石を集めたということです。水面から一メートル以上もある、何十トンもの大きな石を、池の框に使っていますが、今日の庭師はこの真似をしてはいけません。

時代に合わせて、なるべく石を使わず、それに代わる力のものをつくらなければなりません。この考えに基づいて、今、私が手がけているのが古峯神社の仕事なのです。

必要なところには石を使わないでおくことはできません。だから、あとはなるべく石を使わないで、より以上の庭の価値を認められるものをつくろうと力を尽くしているのです。使おうと思えば石はいくらでもありますが、石を使うばかりが、これからの庭のあり方ではないと思うのです。ですから、菖蒲園だとか、その他それに代わる工夫をしています。

こういう点で、私がヒントを得たのが、毛越寺の庭なのです。

藤原時代という遠い昔の庭ですが、丘と中島だけで、ほとんど石を使わずに、あれだけの雄大な形をつくり上げています。

これも、私が勉強のために何度か毛越寺まで出かけて行くうちに、頭の中に残っていたのだと思います。

どこにでもというわけにはいかないでしょうが、こういう行き方の庭を、京都あたりで、昭和時代の庭、現代の庭として残して行きたい、これが私の希望なのです。

『日本の庭・現代編』（昭和五十三年三月刊行＝淡交社）から抜粋・転載

岩城庄次郎氏が組んだ石組＝Ｓ邸の庭

植治に伝わった石組

植治を山縣（有朋）さんに紹介したのは久原房之助さんのお父さんで久原庄三郎さんという方でした。たまたま久原さんのところへ出入りしているときに、何かのきっかけがついたのでしょう。

この山縣さんは借景を重視してあまりつくったような庭は喜ばれなかったのですね。人工よりも自然といういき方ですから、あまり石庭形式のものも好まれない。

必然的に立石はあまりお好きでなくて伏せるほうがよいという考えですね。こうした好みが植治の中にも伝わってしまっているのです。無鄰庵の庭を見ていただくとわかる通り、あそこは東山の借景と、疎水の水を生かした瀧と流れが主ですが、石というものをむやみに立てたりはしていません。それが、後々の植治作品の中にも生きてくるわけです。

『庭・別冊』四十六号（昭和六十年十一月）より

岩城庄次郎――石は安定の象徴

日本の庭では、石は大切なものながら、いつも脇役なんですね。私はこれを主役に据えて、今までになかったような形で使ってみたいと思っておるんです。

石は安定の象徴なんですよ。それを不安定な形で表現してみたいなと。実は二度ほど、仕事の中で表現しようと試みたんですが、何故か果たせませんでした。その度に、もうできないかもしれないと思ったり、「ああ夢がなくならなくてよかった」と思ったりしました。

『ROYAL PARK HOTEL』（ホテル営業企画室刊第十八号＝平成四年）より抜粋・転載

小形研三氏作品＝神奈川県武道館の庭

イメージをジェスチャーで伝える小形研三氏

小形研三――表情に変化を

石を組むのは楽しい。だがなかなかこれでいい、これで満点だというところにはいかない。二石組、三石組も面白いが、ただ一石をでんと据え、それがうまくぴしりと決まったと思われるときは嬉しい。石が安定的に見え、誰が見ても一応うなずけるのは石の天端を平らに据えたときである。しかし一面この天端の平らな石には表情がない。表情があるのは尖った天端と変化のある稜線をもって一方に次第に低く伸びた石である。そのような石には表情があり動きがある。つまり気勢がはっきりとしているのである。このような石をいくつか使って石を組むのも面白い。

普通の二石組、三石組のようにその二石、三石だけのバランスを考えるだけでなく庭全体の修景中心や、庭全体の気勢の流れから割出した、石組の位置、その石組全体の石の持つ気勢の流れを考え、それに応じて高低強弱、石それぞれに多少の変化を見せながら全体の庭の変化のある構成に寄与するといった感じの石の使い方が私は好きだ。

勿論、石はただ一群だけでは充分にムードを盛り上げにくい。重点の外に副重点ともいうべき構成も欲しい。作庭記には石組の石を形容して子供が遊戯をしながら一方向に進んでいる形になぞらえて石遣いを教えているが、実にうまい表現だと思う。

統一ある動きの中に多少の変化を見せるなどとわかり難い言葉を並べるより、ズバリいい得て妙である。しかし江戸時代の庭造伝あるいはその類似の本になると木の名称、石の名称ばかりがやたらに多く、今の造庭、造形の参考にあまりならないのではないかと、ここ

小島佐一氏作品＝川田邸の庭

川田邸の庭＝石組と水鉢

では先人の書に批判的な気持ちをいだくのを禁じ難い。

ついでにもう一つ古書についていえば、作庭記にはいろいろな自然風景の描写、瀧や流れのつくり方についての細かい造成上の注意など、実によく表現してある。瀧の形のところもよく書いてある。未だにそれがそのまま現代の造園書に広く引用されているなど、少し行きすぎの感がないでもない。私はどちらかというと瀧のところの記述より流れのところに一層興味をひかれる。

『庭・別冊』七号(昭和五十三年四月)より

父、小島佐一の作庭秘話 ―――― 小島喜八郎

今から思いますと世の中の移り変わりの速さにじっとしていられず父なりに努力をしていたのだと思います。このような時期が何年か続き、父の頭の中でいろいろな構想ができつつあったとき、桂の川田邸の庭を設計することになりました。

父は毎日現場の状況を見に行くだけで二週間は何も手をつけず、材料の用意すらしなかったのです。今までとは様子が少し違うと感じました。どこから手をつけるのだろうか、どんな庭をつくるのだろう。私にも興味が湧いてきました。

そんなある日、職人さんを連れて苔寺の枯山水の石組を見に行きました。木々の間からこぼれる日の光が石組にあたってキラキラ光るのを今でもハッキリ思い出せます。何度も見ている石組でしたが、そのときは何か少し違う感じがしました。身近に感じたのです。父はその石組を皆に見せ、それから仕事に出かけました。

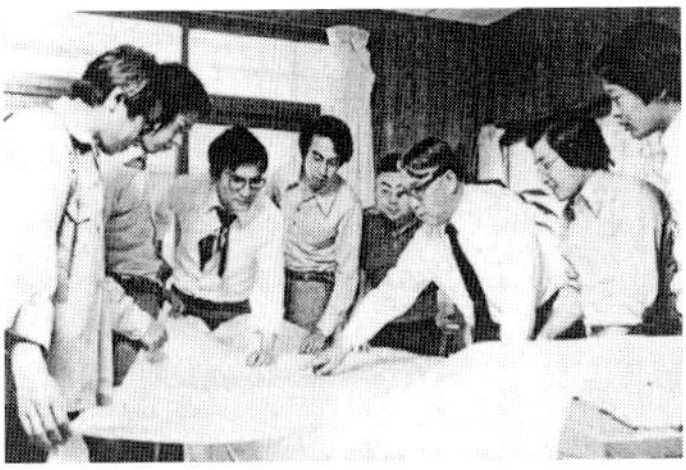
所員に指導中の中島 健氏（右から３番目）

こうして父独自の個性の強い庭が完成していきました。木の種類も従来とは異なり、落葉樹、雑木を多く使うようになりました。四季折々の庭の趣が、木の種類や石組の具合で感じられ、父の思うところの一部が出せたようです。

私に教えてくれた中の一つに「庭をつくるときは、そこに使用する石や樹木の特長を一つ一つ十分に見極め、その持っている特長の一番良いところを生かすのが、いい庭をつくる原点だと思う」といい、自分もそれを追及していったのだと思います。

『庭・別冊』十号（昭和五十四年一月）より

中島 健――感覚を磨く

私は石も自由に扱ってその石の持つ本当の美しさを出すことに努めています。石の持つ性格は無限といってもよく、それをうまく使いこなすのが石組の善し悪しにつながるのです。扱う人の感覚一つで、石からすぐれた輝きや美しさが出せるのです。ですからその感覚を磨くことが先ず大切でしょう。

そう考えると石組には法則はないといってもいいかも知れません。昔からの技法は一応法則のような形で伝わってはいます。これは確かに納まりやすいと思いますが、それが石組のすべてと考えてしまうと、型にはまったものしか生まれません。つまり本末転倒してしまうのです。

大体、法則は一つの方便といっていいもので、アマチュアにはそれでいいかも知れませんが、プロにとってはさっぱり面白味のないものになるともいえます。

絵筆を取る東 梅里氏

中島 健作品＝玉堂美術館の庭

要は石の良さを引き出す感覚をいかに育てるかにかかっています。

例えば小堀遠州の作品を見つめて遠州の感覚や美しさを出す目安を飲み込むとします。しかし、それでよしとするのでなく、そこからまた自分なりの感覚を新たに引き出す努力をすることが肝心なのです。

『庭・別冊』四号(昭和五十二年七月)より

石組は一期一会──東 梅里

私が庭づくりでもっとも大事にしているのは石組です。

石組だけはしっかりとしなければ庭は成り立たないでしょう。

植物も大切だというのはわかりますが、これはその場に馴染むものだけ、自然に残っていくのです。

その点、石組は一期一会と同じだと思います。

石そのものが大きかろうが、細かろうが、大切に扱うことには変わりありません。それと同時に、自分の個性を生かして組むことが重要です。

私の個性は自然の風景から得たものを再現するところにあるでしょうが、石組にしても菊池溪谷のような場所でじっくりと観察した石の姿、流れの表情などが基本になっているようです。だから、私がつくると山中の流れといった感じのところがよく出てしまうようです。不断の観察とこまやかな感受性を養うことに努めて、その中から好個な景観を選ぶことが大切だと思います。

東 梅里氏作品＝藤本邸の石組

石組そのものについて、私は若い人たちにこういう文章を書いて示しています。

石組構成の基本

「天地自然を表現し、万象変化の相としてそれは数学的正確さ以上にある自由さが与えられ、分析しきれない、割り切れぬところに実相実体の真に迫ろうとする構成の美を表わすのである。作者の特長が一番よく表現されるのも庭石である。大小を問わず石を尊重せねばならぬ。庭石の姿には作者の性格がよく現わされている」。

その石組も庭づくりの手順からいえば、先ず建物の位置が決まり、地形が整ったあとということになります。そして最後に水を落とすことになるのです。

石組自体で基本といえば、いろいろな組み方があるので、一概にいえません。

しかし、天端が山のように鋭いものは陽石、平らでやわらかなものが陰石と考えるのは当然です。

この陰陽の組み合わせ、これが重要になります。

そしてこの二石をつなぐのが和合石といっていいと思います。

これで三石組が生まれますが、三石全体のつながりは不等辺三角形を形成することになるのです。いわば不等辺三角形による三石組といえましょう。

二石の配置では斜め前か斜め後ろに一つを配置することが前提になります。この場合、初めに据えた石に第二の石をどう添えるかが重要になってきます。これについては若い人たちにこう書いて見せています。

二石の配置

「正面や真横へは配置せずに、斜め前に出すか、斜め後ろへ据えるのである。比例は四分

東 梅里氏作品＝合楽・金光教の庭

六分配置とし、一石は添石とし、一石は主石とする」。

世の中に同じ石が二つとないことだけは確かなので、むしろ石本来のありのままの姿を十二分に生かすべきだと思っています。

「重ね打ち」と呼ぶ庭石の扱いも、いわばその一種でしょう。これは石組の一つですが、いくつかの石をつなぎ合わせて使いながら、実は一石しか扱っていないように感じさせているのです。

それぞれの石は小さくて、一つ一つは完全にいい形のものとは思えなくとも、集めて用いることで、ようすが変わります。

個としては小さいが、集まった姿は遠くから見れば大きく見えるのです。座敷の内からだけ観賞することを主目的とした庭ならば、これでよいのです。その上、この方法ですと三人ほどといった少人数で仕事が済ませられるのです。経済的にも安上がりだといえましょう。

重ね打ち石組はいろいろな意味で、利用価値が高いと思っております。

それにしても、自分が直接、使ってみるとか試みてみなければ、ものの善し悪しはもちろん、味などもわかろうはずはありません。

使い試みていくうちにいろいろと工夫も生まれてきます。それがいわば変化というものでしょう。同時に面白さもわかってくるのだと思います。石組でいうなら、こうした繰り返しが基で石自体とも親しみ深くなって、結局、どんな石でも捨て難くなるのです。


『庭・別冊』五号（昭和五十二年十月）より

作庭論を熱く語る蛭田貫二氏

教外別伝　以心伝心

蛭田貫二

禅僧・無窓国師は、作庭家としてもよく知られているが、これは一切口伝である。つまり口伝えで教えるというわけだが、これは禅宗の教義である《教外別伝 以心伝心》という言葉に通じると思えばよかろう。作庭の秘伝を口伝するとはいささか無謀のようではあるが、実際にはそれがもっとも適しているのである。つまり形だけではそれは教えられるものではなく、心を伝えなければならないからである。書物によって自身の考える庭の精神など伝わらないと思ったのではないだろうか。

一つの石を据えるのに、文字でその方法を表わすのは決して容易ではないが、口伝えでその石の扱いや、石に持たせる意味合いなどを教えれば、受け止める側の感覚も向上するだろう。

ここに一つの石がある。これを描けば一つの絵になるだろう。庭はその石を描くのではなく、その石を用いて景をつくり上げるのである。画僧として有名な雪舟等楊は、山と岩と水を描いて宇宙創生を唱えた。

昔の庭と今の庭とどこが違うかといえば、昔は庭づくりにも流派のようなものがあってつくっていたため、石の頭も平らになっていた。でも現在の庭で平らなものはありません。山へ行けばわかると思うが、どの石を見ても平らに据えたものはなく、自然の再現を第一に考えている現在の庭では平らに据えるものはないと思われる。これは東京と京都の庭の違いともいえる。京都と限らずどこへ行ってもそうだと思うが、頭を水平に据えている

蛭田貫二氏作品＝大田黒公園の流れに見る石組

のが多いはずです。というのは庭を取り囲む環境が自然であって庭は人工的なものだという考えから平らに据えたものでしょう。逆に東京では周囲が人工的になったことで崩して平らには据えていないわけです。私はこんなことをいっているため〝我流〟の庭づくりなんていわれるのだろう。

ここに百舌（モズ）を一羽描いた絵があるとする。その場合に必ず添え物が描かれていて、鳥をむしろ強調するような形を取ることが多い。第三者的なものの登場である。しかし、それだけでなく背景として枯れススキを付け加えて描くことになるだろう。いうまでもなく百舌は秋の鳥、十月ごろには鋭い鳴き声で飛交い、柿の木などに群がるようすは大方の人のよく知るところだ。枯れススキは秋の深まったようすを物語るものであり、これによって見る人たちは百舌プラス枯れススキという内容から、より一層の秋らしさを感じ取ることになるわけである。

つまりあるものを連想させるのに、一つの力だけでなく、別の力を添えることによって、より一層、対象となるものの奥の深さを感じ取らそうというわけである。連想からくる美といえるかも知れない。（中略）

そうしたところに庭石を入れて庭をつくろうと仮定してみよう。その石自身には生命力があり、不退転の力があるわけだが、そうした力を発揮させるかどうかについては、すべて作庭者の力量にかかってくるわけで、力が無ければ庭石の素質を生かすこともできない。力量があって石の据え付けなど、巧みに行なえたら、その石の生命力はさらに強く感じられるようになろう。技術が石を生かしたというわけである。

『庭・別冊』三十六号（昭和五十九年三月）より

全国の作庭者が綴る――

現代の石組観

石組に対する意識調査

作庭に限らず、日本人には素材自体の美しさを愛でる独特の美的感覚が備わっている。

軸組構造の日本家屋においては構造体である柱や梁が造形美とも映り、素材の美しさと持ち味を活かした日本料理をはじめ、茶の湯、俳句などに共通した精神性を感じないわけにはいかない。こうした独自の文化の一環として永い歴史を誇る日本庭園が存在する。その構成要素の中で抜きにしては語れないほど重要な要素を占めているのが石組だ。

この石組も各時代を背景にしながらさまざまな形式と手法が編み出され、さらに流派まで生み出してきたほど作庭者たちは、情熱を注いできた。

ところが急激な経済と情報の発達は、生活スタイルと住宅を一変させてしまった。このような現代という時代の中で庭そのものの価値も過去とは比較できないほど変わってきた。

もちろん石組もこの時代の変化からは逃れることはできず、極端だが石組不要論まで飛び出しかねない状況だ。そこで今一度、石組とは何かを全国の作庭者へアンケート形式で意識調査してみた。

石組は作庭上、あまりにも身近過ぎるのか、真正面から捉え直し、大義すら踏まえない。ただ漠然として関わり、過去から引きずってきた既成概念、固定観念で対処してきた方々も少なくない。回答内容が次代を受け継ぐ若き作庭者へのメッセージになれば幸いだ。

アンケートに協力していただいた全国の作庭者の方々には深く感謝申し上げる。

★アンケートの凡例

❶石の魅力　❷作庭に何故、石を用いるのか
❸石組とは何か、石組に対する姿勢
❹石組にどのような意味を持たせるのか
❺郷土に石組のモデルとなる景勝地はあるか
❻その土地に伝わる石組用語
❼その他、石組に対する考察

北海道

中浜年文さん　**中浜造園**　函館市

❶不動の力があるからなのでは。

❷石積→崩積のような近くに見える積み方はコンクリートなどでは出ない。

敷石、飛石など→自然の素材を使用することによる和み感は他の素材ではなかなか出ない。

❸私は、自然の山や川・海に存在するものであり基本だと思いますし、また表現の方法の一部だと思います。

❹石組といっても石だけで組まなくても、流木や陶器など、別の素材と組むのも良いのではないでしょうか。

東北

茂庭　弘さん　**奥州造園**　江刺市

❶石の魅力とは何だろう。どうして石を見ていいと感ずるのでしょう。どこへ行っても美しい風景には、石があることが多いですね。幼少の頃の遊びから始まり、長い年月を経て、それをいろいろ利用してきました。このように日常より、いろいろの性質をよく知っているがゆえに、硬いとか、重いとか、重量感があるとか、ないとか、存在感、安定感とかが、魅力に繋がるのでしょうか。

❷何故、庭に石を用いるのでしょう。木材のように腐ることなく維持できるということもあるでしょうが、石は動植物の生命連鎖の重要な構成物でもあります。人間が生まれたときから、ずっと一緒に付き合ってきた石には、景観的にも心の落ち着くところがあるのかも知れません。

❸私にとって、石組について作法というものはなく、成り行きに任せて行なっています。私には、あまり意識して石組をしてうまくいった例はありません。転がして落ち着きのいいところで善しとして、そしたら他の材料を添えて馴染ませる、というくらいに

❶ 爽やかな印象の気仙川

しています。

❹先人のつくり上げた伝統技法は素晴らしいものですが、現代という時代において、定法を脱した多様性のある、いろいろな石組が出てきたことは、楽しいことである。

❺特に景勝地というところはありませんが、近くの気仙川です。(写真❶)

❼仕上がった庭は、意識した方向から見るよりも、裏のほうから見たほうが大変よく見える。私のつくった庭はいつもこうだ。だからといって木を裏返しにするようなわけにもいきません。理屈をつけて作業に取りかかっても、どうもそのようにはいきません。理屈は後からなんぼでもつけられる。

横山英悦さん　横山造園　尾花沢市

❶苔むした石組や重厚な石垣などに出合うと、心のよりどころを見つけたような安堵感を覚える。

作庭したての無表情な石でも年数を経れば、落ち着いた表情を醸し出してくれる。

石の魅力は言葉では簡単にいい表わせないのでは。

❷庭づくりをする上で、石を組む・積む・打つ・敷くことは、最も技術者が手腕を発揮するところであり、時を経てまわりの植物が変化したとしても、変わらないのが石組や石造物である。石は年を増すごとに表情を少しずつ変えていき、風格が出てくる。それが石の持ち味であり、石と関わる起因であると思う。

❸建築構造物が進化するにつれて、自然観のある石組と、よりデザイン化された敷石(石張)が求められよう。

近代建築物を背景とする現代の庭は、伝統的な石組は消え、個々の石組は集合体のある一体化された岩組形式の方向へ移行していくものと考える。常に大胆な発想で日本の情景を表わしたいものである。

❹かつての宗教色の強い意味を持った石組は、現世では理解されなくなってしまった。石組そのものに押しつけた意味を持たせても、現代の人々には、なかなか受け入れてもらえないかも知れない。むしろ、自然主義的な何も意味を持たない、簡素化された石組の中で、その中から何気なく感じられる気迫のある岩組(石組)が登場したならば、その岩組自体が何かを語りかけてくるかも知れない。

関東

古平貞夫さん　古平園　つくば市

❶人間の歴史の中で、旧石器時代から今日まで、石が重要な役割を果たしてきた。石と人間との関係は、住居から生活上の用具・装身具から武器など。人間の生活は石棺から始まり石室など、人間の生活を高める重要な働きを持ってきたと思う。石がいかに人間生活に重要であり、現代の金属器時代にありながら今なお、石は人間の生活に重要な関わりを持っていると思う。

❷今日までの人類文化を支えてきた力の一つは、石であったこと、戦国時代には城郭の構築が行なわれたり、河川改修などが行なわれたり、また中国から渡来した神仙思想による蓬萊島・池の中島・荒磯石組・瀧・流れの構成など、石を使わずしてなし得ないのではないだろうか。

❸石の信仰・崇拝に対して、文献はいくらでもあるが、日本人の心でもある祭りによる崇拝する山・石・川、そして、庭づくりの上で欠かせない重要なものは、石組であると考える。

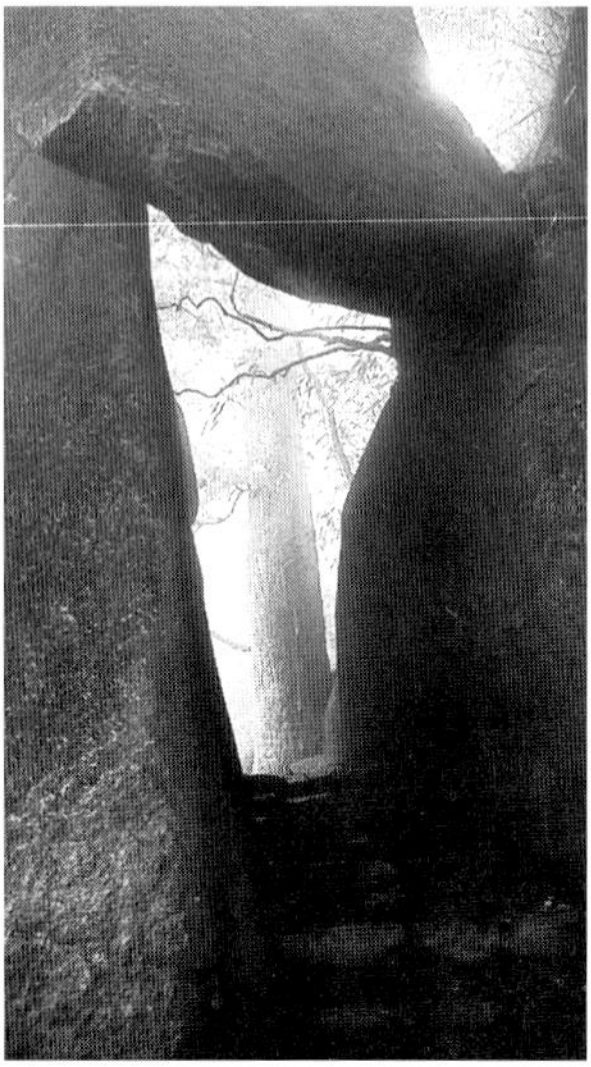

❷　筑波山頂＝奇岩・巨石は信仰の対象

❹夫婦石や家族石であったり、当家の守護神であったり、生活上における心の支えになればと考える。

❺筑波山頂。（写真❷～❹）

池田幸司さん　**三寿園**　宇都宮市

❶自然の中で誇張しながら、ともに樹木と共存できるパートナー的存在。

❷庭づくりでは、場面や造形を表現できるものとし、いろいろな場面の環境や構成を表現するのに適した素材として用いる。

❸石の持っている厳しさ、優しさをバランスよく、在るがままの姿から、造形に適した素材として、また庭づくりのパーツとしても使用。

❹樹木や草花などの脇役とし点石、景石、土留などに現在の住宅に違和感のない石組として活用する。

❺大谷石切出し岩山の風景。（写真❺）
那須温泉にある殺生石の風景。（写真❻）

❼石の持っている量、質感や据え方により面

❸　筑波山頂＝注連縄で囲まれた巨石群は神の領域か

白く表現し、時代の移り変わり、環境や建築の変化により石組も進化する。

高橋良仁さん　**庭良**　さいたま市

❶人工ではつくり得ない、その質感とか陰影とかが、永い時の流れの中の自然の状況を、そこに自ら写し出している。

❷主に、外部空間につくられることの多い庭にとって、堅固で不変的な特性を持つ石は、何物にも代えがたい素材であり、自然の中から生まれた表情と、その存在感は庭に骨格的な安定感を生み出す。

❸自分自身の内面にある、根本的なものを表わすことであると思う。それは大変難しく、それを探ること自体が、自分にとって、石を組むということであると思う。

❹過去の形式とか様式とかいう問題だけではなく、自分が今、石に向かい合ったとき、現代の状況の中で、自分なりの自然観というものを考えながら、いかに表現するか。

❺埼玉県北部には秩父などの景勝地はあるが、

私が住む南の地域は、関東平野で、石を自然の中に見ることはない（屋久島で見た数々の自然の石組は雄大であった）。

❼石積とか石張といったものは、フォルムとかラインといったものは別にして、実用性も含めて、その行為自体の意味が明確で理解しやすいが、石組というのは内面にある根本的な事柄を表現するということで、非常に掴みにくく、大変難しいものである。

門倉光正さん　作庭舎　八街市

❶人類が生まれる以前から地球上にあり、大地を形づくってきたものであり、強固で、それぞれの生育の違いから、風合いや味わいが違う。造園材料として最高のものである。

❷構造材として強度があり、その他の材料とのハーモニーも良く、そして、時間が直接その上に乗りやすく、表現を助けてくれる。

❸心をおく場所。思想的な形の表現に便利。また一方、施主からお金をもらいやすい。

❹　筑波山頂＝穏やかな心象を受ける露頭岩

さらに庭に一定の品格が生まれる。

❹先人の残した石組には、大変優れたものが多類残されていますが、それをそのまま現代の庭に導入はできません。あくまでもエキスを現代の風潮なり、思想なりに注いで、現代の石組が可能になるのではないか。また、あると思われます。

❺残念ながら、千葉県は高低差があまりなく、さらに石材に恵まれません。しかしながら

❺　大谷石の岩山＝盆景のような景観を見せる岩山

周囲を海に囲まれ、陸と海との接点で、優れた景観が多数あります。(写真❼)

❼広大な芝庭に、巨石を組んで、雄大な庭を一度はつくってみたいと常々思っておりますが、現実はなかなか厳しいもので、小庭づくりに頑張っております。そんなことで、小流れの護岸石組や、若干の傾斜の露頭石組などが現代の思想を表現するのに便利のようです。それと石材の質に変化が出てきており、外国産の石材を利用した石組も考慮したい。

上野周三さん　**麻布 植祐**　東京都

❶石は年代が経過しても変化しにくい「永遠」を感じさせる特質を持っている。

日本には古来より山には神が宿ると考えられていた。山の一部分を構成する石には、神秘的な力が内在していると考えられる。その石を観察することにより、その石の動きが見えてくるとき。

❷日本庭園は自然景観の描写であり、自然に

❻ 那須温泉の殺生石

は石組、石積を思わせる岩山、岩壁などの景観を見受ける。

作庭するには自然を再現することで、石を使う考え方は当然と思われる。石を素材として選ぶ条件には、強度が非常に大きく、変質・変形・変色しないことです。

茶庭の発生とともに合理的なお茶の世界に組み込まれ、打水しても歩きやすいように、玉石敷・栗石敷・飛石が考案されたと思われる。
❸石組をする周囲の自然環境、建物の外観と構成により使用する材質、石組を構成する線、勢いを考案し組み立てて、その場だけの独自の空間がつくられる。設計者の自由な自己表現ができる。
❹現代的な感覚と思われるものは、石組とは無関係と思われていた素材と石の組み合わせをして感性を明確に表現することが重要である。その場合には、素材選びが非常に大切になってくる。素材の持ち味・使い方・取

り合わせで仕上がりの是非が決まるので厳選したい。同時に新しい方法ばかりでなく、従来使われてきた天然の庭石を使用するときは、石の形がその空間に合ったものを選びたい。石の勢いの線の構成により表現されるものは大きく異なる。現代的、都会的とは意外性で、その場その場を踏まえ空間を構成する芸術性だと考える。

❺郷土ではありませんが四十年近く前に登った山です。この山の頂上付近の写真は造園に関わらぬ人でも一度見ることにより心に残ります。

地殻の変動により地層が隆起し、その後、風雪に削られ堅い層が高く残り尾根を形づくり、残った岩も亀裂を生じて岩は小さくなるが、岩の集合体となり線を形成している。私もこの山容を見ると石組の原点だと考えており、古来思想で信仰の対象になるもので、蓬莱思想の鶴島の石組を感じさせられるものである。(写真❽)

安諸定男さん　安諸庭園　町田市

❶哲学を感じ、石を有する人の感性を受け取ることができます。

石全体の形から石の内面におけるムーブマンや見る人に力強さや、あるいは悲しみ、喜びなど喜怒哀楽を感じさせてくれる。ときには石の所有者の生き様を見ることができる。石によっては、その空間を明るくしたり、あるいはしっとりとさせてくれることがある。

❷その空間を実用的、美的または明るい雰囲気、あるいは落ち着いたしっとりとした気分にするかを決めるときに、石を用いることがあり、あるいは植物だけだと庭が軽く感じられるとき、そこに重厚さを与えるために石を用いる。

❸哲学や芸術あるいは神を感じる場であり、その空間から力強い底力さえも感じ取る場所であり、石組を通して未来を感じ取ることもできる。例えば山口県の「月の桂の庭」

❼ 房総の海

のように、永久にその時代時代の人々に語り続けることができ、いつまでも新しさをメッセージとして人々に伝えていけるものだと思います。

だから私は石一つ一つにその声を聞き、石と向かい合って石を組むようにしていきます。石の持つ内面の魅力と話し合いながら。

❹その庭を洋風にするか和風にするかを決める場合にも、非常に石組が大切だと思います。現代のデザインは明快ですっきりさを求められますが、このようなとき、どのような石をどう使うかが現代作庭の基本と感じています。

私は最近自然の中でできた庭石を用いることもありますが、自然石に、矢や楔を入れて割肌の生まれたばかりの美しさを鑑賞しようとすることもあります。

❺多摩川と相模川に挟まれていましたので、昔は玉石を扱った石組がありましたが、ほとんど消失してしまいました。それと黒朴

❽ 地蔵岳頂上＝地殻変動によって生まれた壮観な風景

石を扱った狢穴組(原文のママ)という石組が、寺やお風呂屋さんや個人の家にありましたが、これも時代とともに消えてしまいました。

❻黒朴石のきょうりんぼう組。二の字崩し石組。潜り出し組。雲上山峰組。羅漢組。四十八願成就の石組。

❼私はよく庭づくりをするときに、お客様からお客様ご本人の生き様を石組で組んでくれという抽象課題を出されることがあります。そんなとき石の嶮しさやおとなしさを自分の感性で石を選ぶのですが、思うようにいき、お客様が納得してくれたときには嬉しいのですが、わかってもらえないときは辛いことがあります。

たまには会社の発展のため、この空間に石組で庭をつくって欲しいという注文を受ける場合がありますが、こんなときは自然石の舟石を用いて出舟入舟の石組をすることがあります。

北陸

本田　壽さん　ピーエヌシー工業　金沢市

❶時の流れを感じる→太古の地球造山運動期から現代に至るまでの長い時間差が表われている。

重量感、質量感を持つ→重いがため不動のモノとして、大きな石には威圧感がある。存在感もある。

❷石積は、一個一個に比重二以上の重量があるので、土圧に耐え、表層が風化しなく耐久性がある。

敷石、飛石、沓脱石は、天端が平らであれば歩きやすく、多人数が長年歩いても形態が保てる。

石組は、表現する目的に合う形を組み合わせば、具現化した形もあるし、抽象的な宗教世界をも表わせる。しかも、千年以上形が壊れない。

❸石組とは、アイポイントの一つであれ、複合されれば、さらに重量感を抱かせ、表現したいこと（例えば、大自然のミニチュア、中心となる石に対して、方向性をも誘導する、精神的世界を石という物体で、仮想像をめぐらすことができる）を不変の素材として、または身近に手にはいる素材として利用できると思います。

❹IT時代とはいえ、古来からの石組の意味は変わらないと思いますが、さらに解き明かされようとしている宇宙のメカニズムや、人体の構造など、文化が発展しており、少しばかり、石組に、そのような宇宙や、人体や、精神分析の世界のことを意味づけて、表現したいと思います。

❼最近は、石の流通が発達しているため、地元の石質でない石材が氾濫しており、郷土の景観表現が乏しくなっているように思います。しかし、別の考え方をすれば、日頃、見たことのない石を使うこともやむを得ないことと考えます（例：中国の太湖石や石

筍の六方石を研磨して黒光りさせる方法)。私個人としては、郷土の石を使いたいと思っています。

東海

木下 薫さん **薫風** 掛川市

❶まずは、石のつくる陰影の面白さです。それと、変わらないモノを表現することができるということでしょうか。

❷自分の気持ち(精神性)を注ぎ込むため!

❸多少避けている節もあり、厄介な代物です。はっきりいって勉強不足です。

❹建物、まわりの景観と調和シンクロさせる。

鈴木直衛さん **玄庭園** 沼津市

❶不動、不変。

❷自然の素材で、植物との馴染みが良い。加工がしやすい、強度がある。基本的な形が、不変である。

❸私は、日本庭園の作家として、作庭をする上でまず大切な資質とは、次の二つであると思う。

それは、高木から下草に至るまで植物の命をいとおしみ、大切にする心を持ち、また一方では、無機質な石ころにつくり手のエネルギーを吹き込み、命を与え、それを動かす、というこの相反するような二つの性格というか心の持ちようが必要だろう。

私にとって石組とは、私の庭づくりの骨格を成すもの。これ無しでは私の作庭は考えられない。ただ私の場合、瀧や流れ、池の護岸といった石組はもちろん、石積や石張の際も、配石は石組の考え方に準ずる。庭空間で石以外の修景物のバランスも広義の石組として捉えている。

❹現代の石組は、昔のように石に神や仏を見るだけではなく、むしろ擬人化して現代の人間社会の物語として見せるという手法だろうと思う。

私は、大きく二つの考え方で施工している。一つは、主従関係(親分子分、師匠と弟子、親と子)と捉え、親は子に説教をしている、子はキレる寸前といった状況。

もう一つの考え方は二つのチームの闘いと捉え、その闘いが今まさに始まる寸前の状況。いずれの考え方も、演劇のクライマックスで時間を止めたときの舞台上の役者の位置、それが配石であり、石組だろう。

作庭家の生き方によって、それはサスペンスにもメロドラマにもなり、またアクションやコメディーにもなる。

日本庭園は、石や植物、その他によって生まれる限られた空間の「緊張感のあるニオイ」であると考える。

緊張感は、物(石)と物(石)のぎりぎりの「間合い」によって生まれる。それは物理的な空間ではなく、それ以上に拡がりを持った心理的空間であり、緊張感の切れない最大限ぎりぎりの「間合い」で石が組まれたとき、素晴らしい石組となって、見る人に何かを訴える。

田旗　光さん　三宝園　掛川市

❶不変性、永劫性、神秘性。

❷庭の骨格はやはり石である。また、石の「剛」に対する植物の「柔」というコントラストを大切にしている。

❸精神性を伝える手段。

❹石の持つエネルギーを上手く使った新しいデザインや、造形の発見を試みている。

❺粟ヶ岳(素晴らしい岩境)、四葉共粟ヶ岳(原生林の中にあるミニ屋久島)。(写真❾)

❼石を加工せず、そのままの姿で使う日本の庭の形は、日本人の自然観を表わすものと思います。

日本庭園は世界に冠たる文化と私は思っていますが、日々アメリカナイズされていく今日、この素晴らしい文化を理解できる人が減少していることは事実で、これは何とかしなくてはいけないと思っている。そのためにも日々にわたって日本の庭が持つ価値観を啓蒙する必要は大いにある。

❾ 粟ヶ岳に見る岩境

近　畿

寺下　弘さん　**近江庭園**　大津市

❶自然に残された重量感と安定感の主役であります。

❷日本庭園の独特の侘び、寂びを演ずる表現です。

❸今にも我らに話しかける石組と、大きい石と小さい石の組み合わせによるドラマを展開するような庭づくりを心がける。

❹人の五感の満足感を出せる石組の作庭、その中に身近な昔からある石、その他素材利用を工夫すること。

❺天台宗延暦寺の里坊の寺の庭、および石積(大津市坂本)、竹林院他。

❼昔の作庭は材料についても機動力の貧しい時代に、素材を最大に引き出し工夫をしている。大きい石小さな石にかかわらず個性を引き出し、映画の役者のように動きのある石組を一場面にドラマ(表現)化すること。

近年は材料に恵まれすぎて、料理に喩えれば日本料理、洋風料理、その他、料理が入り乱れた庭で、一空間の良さがなくなり飽きている。身近な素材で努力することが必要であり、昔の良いところの場面の見学（苔寺、修学院離宮他）、作庭の技術のツボ（裏話）の研究と実習の必要あり。

猪鼻昌司さん　いのはな夢創園　京都市

❶石を讃美して言葉を尽くすほど、思いが離れていってしまいます。

私の庭づくりそのものです。

❷木や草花、土、水などは変化を繰り返していきますが、ただ石だけは、風化という緩やかな時間の流れに委ねるのみ、変わらない物に対する信頼なのではないでしょうか。

❸石の群れの中の、その石だけが持っている個性を発揮できる的確な場所に据えることができるか。個性を生かしつつ、全体での纏まりを常に思いながら石を組んでいます。石組とは石たちとの勝負だと私は思っています。

❹基本的に肩の線、面など、そのバランスの取り方は素材が違っても変わらないと思う。住居など形態が変わりつつある現代、それに対応した素材の工夫が必要かと思っています。

❼三十五年ほど前に滋賀県坂本で見た、故・重森三玲氏の作品には、主庭の石組で余った七石を参道沿いに組んでありました。それを目にしたときの感激、自分の求めていた石組の理論の裏づけが取れた気になりました。

私の最後の親方であった橋本光雄師の作品を前にしての理論は、よく聞かせていただいておりました。

また、石組で卓越技能者賞を受けられた平岡宏歸氏との親交を通じて、学ばせていただいております。

そして、不均衡の調和と作意を感じさせない演出を目指しています。

大北　望さん　**大北美松園**　姫路市

❶石は人工ではつくり出せない、自然から与えられた貴重な産物であり、地球創生や太古の創造物であるという、その誕生から現代までの壮大な〝時〟のロマンが人の心を惹きつける。

❷多雨、多湿の日本の気候風土において、石の朽ちず、崩れず、減らず、変わらずの性質は過去から現代へ、現代から未来へと引き継がれ、その永遠の不滅性と永久性は、外部空間の素材として最も適しているからでしょう。

❸石組とは自己表現であり、その表現方法は自由である。石を置く、石を据えるというのは行為、作業であり、石を組むのは意図、意志、思惑、考え方などなど、明確な思考が作用して石組となる。

❹古典的石組でなく、庭全体を構成する重要な〝骨格〟部分である。石の持つ不変性からして、永遠に不滅でありたいと祈る想いや、精神性が投影されるべきと考える。

❺福知渓谷（兵庫県宍粟市一宮町＝写真⑩）

❼〝石は硬くて重い〟当たり前のことだが、我々日々の仕事の中で実際に身に沁みて感じている人が百人中、何人いるだろうか。今日一石が数《トン》、十数《トン》の石を据えつけるのに狭域、悪条件の場所はともかく、大半が重機械による作業が主流を占め、格段に作業効率も良くなり簡単で楽々、しかし僅か数十年前、植木屋は簡単な道具類を駆使し、工夫しながら苦労して見事に重量の石を移動したり据えつけたりしていた。それには多分の知恵、経験などが必要不可欠であったし、一つ間違うと大事に至る由、緊張感もあった。一日の作業で数《メートル》しか移動できないときもある。そんな苦労と緊張の連続だから石に対する執着、執念、愛着も自ずと生まれてくる。いい換えれば直接的な石との格闘であるが、今、石組を論ずる前に職に携わる者皆、基本的に石の重さ、硬

さを身を以て体感することは決して無駄なことではなく、むしろ必要である。そんな体感や体験が欠如すると石に対し知識もなければ知恵も湧かない想いもない安易な方向に流され、ただ単に石を並べ石組だと称し、挙句の果てに石組など時代錯誤で興味なしといった現代の風潮が怖い。

今日、重機を使い作業的に楽になった分、石に対する意識も薄れ、小手先の軽作業になってしまった。このままではこれから先、庭の世界から石組なるものが稀少動植物のように絶滅の危機に瀕するのではないかと心配するのは杞憂なのか。この硬くて重い石を思い通りに組むということは、余程の信念や精神力を持ち合わせなければ頑強な石と対峙することはできず、一筋縄ではいかないのが現実だ。

古来より石組は庭園美の象徴的扱いをされ称賛されてきた。長い歴史の上に立ち、その時代時代で創意工夫がなされ、時代の思

⑩ 福知渓谷の渓流

想を反映しつつ確立され、今日、伝統芸術にまで発展してきました。それらは何故高く評価されてきたかは、その目的意識がはっきりとし意図が明確であったことも一理あるだろう。では現代の石組とは……？ましてて住宅における石組とは何かと問われるとホトホト困窮するのが本音だろう。過去の時代は、石組という単体に思想や精神性を見出した。私は庭全体につくり手の思想や精神性を見出したいと思っている。植物や石積や石畳、水、土などなど、複数が複雑に絡み合う全体の中に、石組という重要な要素があると考える。アンケート❹で石組は庭全体を構成する重要な〝骨格〟部分だといった。石組は一要素であるが、その特性と個性は私の作庭にとって欠くことのできない重要な要素であると位置づけている。自己表現する中で最も主要な〝核〟の部分であり、その形は千差万別、自由奔放に展開できる面白さがある。強い信念と明確な思想があれば、石組ほど魅力的で興味深いものはない。

森内正樹さん　**森内造園**　兵庫県神崎郡

❶石組の顔が皆こちらを見てくれている。

❷その土地の雰囲気が一番出るから。もしその石が他県の石であったら、その庭が郷土色を失う。

❸その土地の自然をいかに庭に取り入れるか。そして、自分自身の石組を一歩一歩確立したい。

❹誰が見ても、これは森内の石組だと、また造形で見せたい。

❺やはり生野石の採れる山、それは自然の造形です。

岡谷善博さん　**岡谷造園**　和歌山県有田郡

❶味わい深さ、時代を感じるところ。

❷機能的な劣化が小さく、時間が経つほどに味わいを増す。

素材としての質感が優れているから。

❸自分の意志を表現する空間。

❹緊張とその後に安堵感をごく短い時間で、味わっていただける空間。

❺自然はすべて。

❼石という成分的には無機質なものなのに、その中に永遠の生命感を人間は感じ、畏れ、尊んできた。石組はつくり手の心を映し、見る人の心模様によりさまざまに変化する。

中国

三宅秀俊さん　三樹園　岡山市

❶一時期、特に御影石を割ったときに出る「ポン」という音とともに、割った肌の瑞々しい神秘的な表情に痺れたときがありました。しかし、その表情も年月にはどうにもならないものを感ずるようになり、今はやはり自然な表情の石が良いのかなと思っています。

❷石については、壊れない限り形状を変えることのない中で、年月とともにそれなりの味・風格などが、その石・その石によって出てくるように思えるので好きです（ただ室内に据えた石についてはその反対に、水を浴びない石は死んでしまっている石で嫌いです）。

❸石は好きですが、石組は好きではありません。もし石組をするのであれば、自分の感覚で石の質・色・形状などによって、その場に生かせる（馴染む）ように取り組むようにしています。

❹現代は、さまざまな建築があり、多様な使い方が多い中にあって、その場その場に生かせる石組ができれば良いかと思います。

❺上古時代の石組（阿智神社庭園）＝倉敷市。

倭　年男さん　やまと庭苑　倉敷市

❶無言でいながら、意思を強烈にアピールしている。

本物、嘘、妥協がない。土中にあっても無言で時を過ごす。

❷自然界の創造物で人類を超えていて神、仏の宿るもの。また加工は大変ですが、真剣

な者にはちゃんと応えてくれる。人間が思う個々の役目を末永く全うしてくれる。表情は変えていくが味となる。

❸景石としての石組は、庭の構図上、基本となるものなので、主となる三石、五石、七石、どのようなスケールの庭でも、まず勘で位置づけします。そこからの石組は、その場の感性で組みます。その一時は時間がわからなくなります。

❹昔からの意思(石)、石の味(現代的な石組も含む)を伝統として伝え残したい。

❺瀬戸内海の島々をモデルとして、石組を常に頭に描いて作庭の手本にしています。

❻三尊石の中の主石を不動岩という。石積で乱積を〝崩れ〟という。

❼石の魅力でどのような石組をしても時を経れば、自然界に馴染み否定できなくなります。そのような石ですから、我ら造園家は微力ながらも、石を利用する場合は真剣に思い、大事に扱いたいと思います。

田中政則さん　田中造園　福山市

❶人間が手を加えて、つくることができない。長い年月をかけて、その地域、地質がつくり出した地方独自の自然の産物。

❷石は早く形を変えないし、石の持つ美しさ、表情を楽しむためだと思う。

❸自分が表現をしたい庭の雰囲気を出すためのもの。また石を用いて、強さを醸し出し、庭の流れを変えるもの。

❹古庭園のような石組は少なくなると思うが、自然の雰囲気を出し、オブジェ的な用い方が増してくると思う。

❼三尊石のような石組をすることは少なくなっていく(一般住宅では)と思うが、いかにして、石を組み合わせ、雰囲気、景色をつくっていくかということで石を使っていくと思う。用途が豊富であり、また、さまざまな種類の素材をどのように使いこなしていくかが、これからの作者に望まれることだと思う。

⓫　三原市佛通寺川＝岩塊と渓流

広岡尉志さん　広岡造園　三原市

❶石の質によって、力強さと癒しを感じるところが魅力です。

❷石には自然石も加工石にも自然が感じられるからだと思います。やはり、庭の原点は、自然だからではないでしょうか。

❸私にとって、石組は庭の一部の景。庭の中の石組は派手にならないようにしています。

❹現代、自然を壊すのは人間であるからゆえに、石組で自然の景をつくり出せればいいのではないでしょうか。

❺私の住んでいるところには、海、山、川がありますが、石組のモデルになる自然は川です。一つ目は三原市にある佛通寺川です。(写真⓫⓬)二つ目は三原市本郷町の船木峡です。

❻一般的には〝石を組む〟といいますが〝石を据える〟〝石を付く〟ともいいます。

❼全国各地、さまざまな石組があると思いますが、そこの地域で出る石を使うことが最高の石組だと思います。

⓬　三原市佛通寺川＝人為的な造形を見せる岩

村田卓雄さん　ムラタ造園　広島市

❶素材本来の持つ形、色、艶、強度、清潔感。構成された石組に対する安心感。

❷形の不変性、堅牢性、安心感を味合わせてくれる。加工性が非常に高い。自然界の景色を表現しようとする場合、不可欠な素材なので利用します。

❸過去からの不変性や継続性を表現したりするときに石組を必要としています。石の表情の好きなところをまず利用し、石と石の組み合わせの形のいいものを取り合わせ、石に動きや方向性を出し、また、石に生命力を出す目的で、石組に多く陰をつくります。

❹不朽性や不変性を表現したいときに、石組に意味を持たせます。ゴージャス感を味わっていただく折、安心感を味わっていただく折。

❺事務所より50㎞位の山中に、中津谷という渓谷があります。その付近はブナの原生林

にもなっており、作庭のヒントに出かけていきます。（写真⑬⑭）

笹尾　創さん　**山麓苑**　下関市

❶自然素材である「石」には、時代・年月が感じられ、見る人に年月の重み、風格、安らぎなどを感じさせ、さらに精神や思考にも影響を与える。

❷用途に合わせて多種多様な使い方ができる。また入手も容易で利用しやすい。

❸私自身、まだ石組と語る資格はないが、日頃心がけていることは、素材を最大限に生かす、素材の魅力を損なわないように（石と喧嘩しない、石に怒られないように）努めている。

❹見て美しい、感じて美しい景色。

田中耕二さん　**松筑園**　下関市

❶年代、安らぎ、力強さ、具象などあらゆることが表現できる。

❷石を用いることにより、農耕や土木の副産物としての石を、渡りや、野面などあらゆることに再利用してきた時代を演出できる。

❸年代を演出できる最高の素材であるが、同時にあまり存在感が大きく、バランスを崩しがちなので、年代を経ても、あるいは年代を経たら石が存在する可能性のある場所に、可能性のある姿で必要最低限使うようにしています。

❹現代は、緑の意義のほうが大きいので、緑との調和でより安らぎ感を演出するための素材としての重要性が高いと思います。

❺長門峡。

村重徳保さん　**村重造園事務所**　岩国市

❶人類誕生以来、石と身近に付き合ってきているのであるから、石の魅力は解説できるものではなく、すべての人間が好きなのである。

❷石を使用しない庭を何度か作庭したが、何か物足りない。特に日本建築には必要不可欠である。日本の風土、心が現代の我々にも「石」に拘らせるのである。

❸庭仕事の中では、一番精神的にもきついのであるが、一番楽しい仕事。地方にも、素晴らしい自然の造形があり、その造形を石組として、何例か頭の中で描いている。

❹雑木の庭においては樹木が大きくなり過ぎて、何年もすれば伐採することもあります。自然な石組をすると、樹木のあとに草花を植えたとしても、石組は草花と同化します。石組だけは永遠に残るようにと組みます。

⓭ 中津谷渓谷＝岩塊と渓流

⓮ 中津谷渓谷＝転がり落ちて静止した岩塊

四国

越智将人さん 創造園 今治市

❶自然(神)がつくりしもので、不変であり、また、力を感じる。

❷石積、敷石などにより、庭の中に人の匂いを感じさせるために用いる。庭に力を感じさせるため。

❸石組は庭の骨格であると思います。樹木を植えつけたときに一つの空間となるよう、また、自然のように組む。

❹時代とともに建築も変わり、いろいろな庭が考えられる現代、石組もいろいろと考えられると思うが、あくまでも庭の一部であるので、あまり主張しないようにする。

❺石鎚山・面河渓。(写真⓯)

❼三尊石・蓬萊石組など、精神的な石組も、山中の露頭岩を思わせる自然な石組も、どちらも良いと思う。その場に合った石組をすることが大事でしょう。

⑮　石鎚山・面河渓

宮地誠一さん　高知市

❶石だとわかっていても、それが石である安定感みたいなものがあるから。

❷身近にどこにでもあり、石自体の個性もさまざまで、使用する場所により、その場所に適応させやすく、管理が楽であり、あっても不自然ではないため。

❸私にとって石組とは、私のつくる庭の一つの表現だと思う。

❹石組に意味が必要かどうか、私にはわからないけれども、石組が実用的であり、美的であれ、見る者に何かを感じてもらえれば、それで良いのではないかと思う。

❺石のあるところは、すべてモデルになると思う。

❼一口に石組といっても、私のような凡人庭師にはわからない部分が多くなり、京都の古庭園にあるような説明のある石組は、説明を聞かないとわからないものが多く、また現在の庭でも、説明をつけ加えないとわからない石組があると思われる。なぜこのような説明を必要とするのか？

私は、自然の石それ自体、完全な「姿」をしていると思われるので、その石を使って石を組むわけですから、説明は不要ではないかと思います。もし説明を加えるとすれば、それ自体が不完全なものなのではないでしょうか。石組は説明しなくてもわかる者にはわかるのではないか。

九州

庄司利行さん　グリーン庄司　大分市

❶そこに在るというだけで、全空間を支配する存在感がある。

石が生成された何億年か？　時空を超えた悠久の形。

❷作庭の意図、つくり手の意志を最も強く主張できる素材である。

個々に自己主張する石を、全体として積み、敷き、打ち、組んでいく無限の組み合わせ方は、無限の可能性を秘めている。

❸作庭意図と庭の骨格となる最も重要な要素であり、無限の可能性を秘めている。

作庭するとき、石組が最も神経を張りめぐらせ、緊張し、石と格闘しながら、ときには対話をするような、まさしく真剣勝負。その分だけ楽しさも増幅し、組み終わった後の充実感は何ものにも替えがたい。

石の存在感、石の個性を引き出し、つくり手の意志を最大限に表現できるよう、全体のバランスを第一に想像し、石の気勢と間を活かしながら、最小限に数を抑えながらシンプルな石組で空間を支配することに努めているが、これがなかなか難しい。

❹めまぐるしく変わりゆく世情にあって、悠久の時を超え、今も変わらぬ姿、不変の象徴であることに惹かれる。

不変の石を組み合わせることによって、不変的な強い意志を表わす。

❺豊後水道のリアス式海岸。

❼龍安寺の石組に代表されるように、庭の構成要素の内から余分なものを剥ぎ落とし、残ったエキスが石組であると思う。

その石組にあって、最小限の石で庭全体はおろか、宇宙空間をも支配する存在感と、その精神性に庭の限りない奥深さ、日本の庭文化の精神性の高さに感心するとともに大変誇りに思う。日本の庭と石組は、永遠のテーマ性だと思える。

石組ミニ用語事典

あ

【あご】 鼻の下方などに多く見られる部分。一般的に運搬中に不注意で欠けた部分を指す名称、据え付け時には地下に隠す場合が多い。

【石の禁忌（きんき）**】** 昔の書物には石の禁忌のことがよく書かれていたが、要は鑑賞面からいっても無理で不安定なものを指していた。禁忌といっても迷信がかっていたが、その意味は不明なままである。

【入れる】 チェーンブロックを使って石を定位置に運び、適当と思う所に石を降ろすこと。

【おこす】 石を前の方向へ傾ける。

か

【重ね組】 石を完全ではないが、やや水平に上下に重ねる形。上下の石は大きさと傾斜、天端の出入りを巧みに取らないと平凡でつまらない石組になりかねない。（図の❶）

【合掌組（がっしょうぐみ）**】** 別名「おがみ」ともいわれ、磐戸式などという神苑などの石組に見られた。少し離れると「向かい会い」とも呼ばれた。（図の❷）

【肩（かた）**】** 正面が曲がる角の部分。肩が高いとか低いとかいう地方もある。

【食い違い組】 きわめて特殊な形式の組み方で、地方によっては禁忌とされ「食い違い込み」ともいわれている。（図の❸）

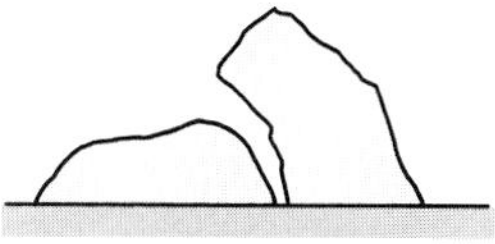

図の❶　重ね組

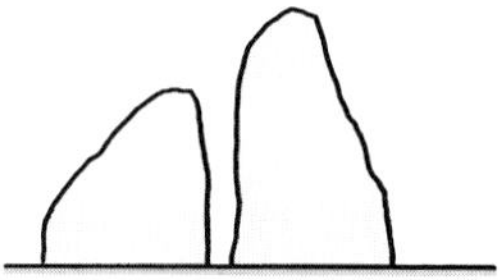

図の❷　合掌組

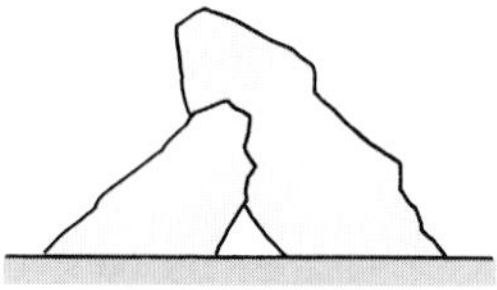

図の❸　食い違い組

【腰部】（こしぶ）地表ぎわの部分で胴の下に当たる。最も大切な根張りの現れるところ。

さ

【敷き】石の裏、天端と反対の部分で地中にはいり、地面と接する部分。

【沈める】石をさらに深く埋める。

【シャクリ】石面が自然に小さく凹んでいる部分で、クリコミとも呼ぶ。天端にあるシャクリは水掘れと呼ぶ。

【十文字組】（じゅうもんじぐみ）食い違い組の一層はなはだしい組み方。「石を切る」という地方もあり、禁忌が多い。（図の❹）

【主石】（しゅせき）構成の中心的な存在となる石。演劇に喩えれば主役に値する。

【末広組】（すえひろぐみ）合掌組の反対の形。石が上方で左右に開いた形。熟練者でないとバランスよく組めない。（図の❺）

【添石】（そえいし）主石を活かす脇役となる石で、副石とも呼ぶが、この石が無かったら主石も活きてこない。

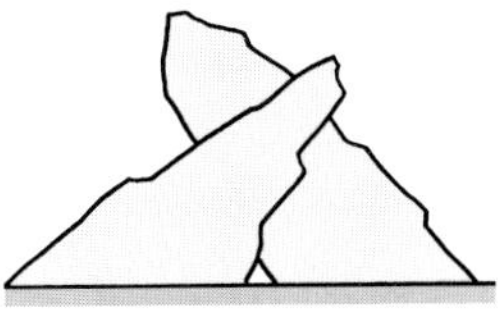

図の❹　十文字組

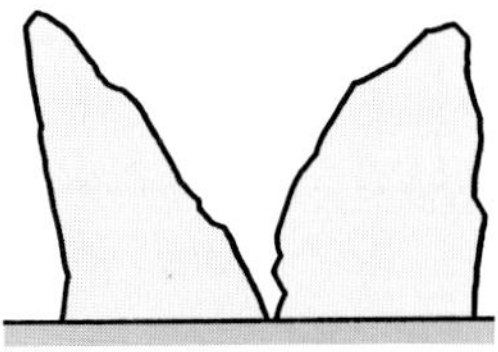

図の❺　末広組

た

【倒す】石を後ろの方向へ傾ける。

【丈（たけ）くらべ】同じような形、大きさの二石を立てること。古書では好ましくない形とされ、禁忌な形。

【段違い組】多くは横石で行ない、前方より奥へ進むに従って高くしていく組み方。

【天端】（てんば）石の上面にある一つの平面を指し、必ずしも水平とは限らない。多少の傾斜角があってもよい。しかし突出した山形や三角形の石にはこの部分はない。飛石などに用いる場合、平面であっても天端とは呼ばず、踏面と呼ぶ。

【頭部（とうぶ）】 天端、肩などの部分を呼ぶ。平石、板石にはこれがない。

【胴部（どうぶ）】 別名を腹とも呼ぶ。

な

【斜め立て組】 石を傾斜させ平行に組み、斜立（はすたて）ともいう。環境と調和しにくい形態だけに特殊な庭だけに限る。（図の❻）

【並べ組】 石を左右に少しだけ前後に並べて配列する、穏やかな表情の石組。（図の❼）

【二石組（にせきぐみ）】 一方の石を主石にし、もう片方の石を添石（副石）として相対立させる組み方。

【根入れ】 見こみが地下に続いていくときに地表に接する部分のことを指す。根入れを深く、浅くという言葉があり、地域によっては「裾」あるいは「裾入れ」とも呼ぶ。

【寝かす】 地方によっては「おこす」という代わりに「ねかす」という場合もある。

【乗りかけ組】「のしかけ」あるいは「のしかかり」とも呼び、上の石が下の石より前に出て、通常斜めに組む、重ね組によく似ているが接触の仕方が異なる。（図の❽）

図の❻　斜め立て組

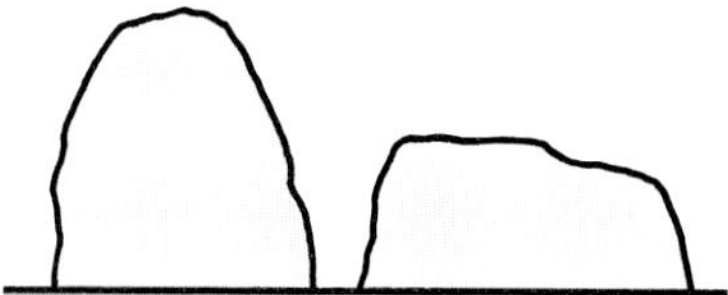

図の❼　並べ組

図の❽　乗りかけ組

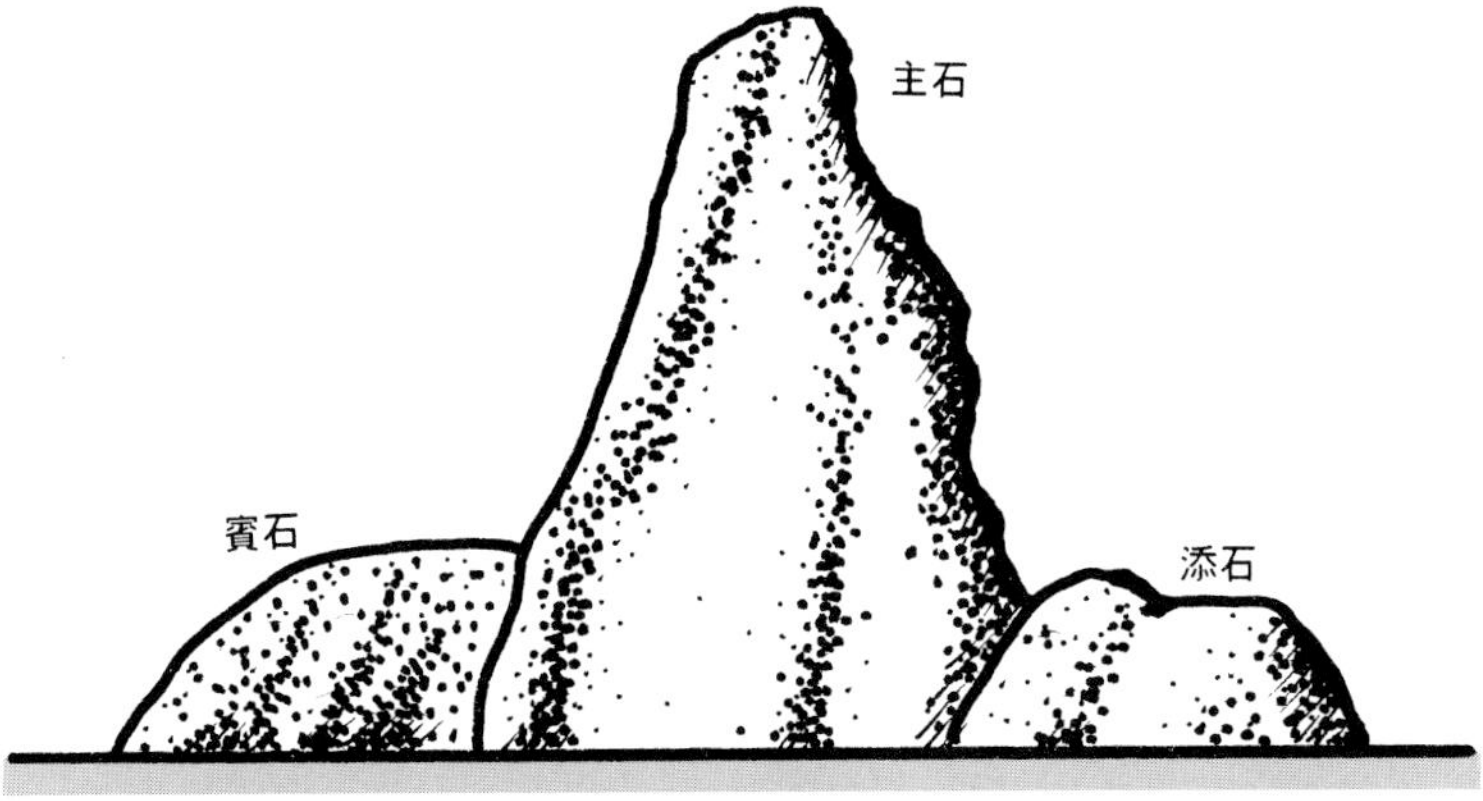

図の❾　賓石

は

【鼻（はな）】 石のある面が突き出て、下方が凹んでいる部分。

【賓石（ひんせき）】 主石に添わせて石組の形を具象化する石のこと。三石組で用いる石で添石と主石の中間に当たる。（図の❾）

【ふかす】 石を持ち上げて高くする。浮かすの訛ったものか。

【ふりかえ】 その位置で石を前後、左右に傾斜に関係なく少し傾けること。

【蓬莱組（ほうらいぐみ）】 二石を並べて立てるが、ともに立石の形を取り、これに大小の石を添わせる。地方に用例が多い。

ま

【前付け組】 きわめてオーソドックスな組み方で、主石の斜め前に添石を据えたもの。

【見こみ】 正面から石を見たとき、左右側面に当たる部分のこと。地域では「見越し」と呼ぶところもある。

参考文献　上原敬二著『石庭のつくり方』加島書店刊

あとがき

「何故、あなたは山に登るのか」と、登山家へ質問するのとは次元が異なりますが、作庭者に「何故、あなたは石を組むのか」と、ずっと問いかけ続けてきました。そしてそれがこの本の一つのテーマとなりました。

作庭において石組はあまりにも身近か過ぎるのか、改めてその本質を捉え直そうとすれば謎は深まるばかりです。したがって作庭者は、この謎を解明すべく石と取り組んできたのでしょう。作庭者の意志と石の真剣なぶつかり合いがあれば曲解された伝統とか形式のはいり込む余地はないと思われます。「そこに山があるから」とする登山家のように、「ここに石があるから」と作庭者も黙々と心象を大事に石と取り組んでいただきたいと願うばかりです。

本書もこれまでのシリーズ同様、当所が企画編集してきました『庭』誌などに掲載してきました記事を基に再構成したものです。また《現代の石組観》では全国の作庭者のみなさまから新たにご協力を得て実現したものです。そのみなさまはじめ、多くの方々に深く感謝申し上げ、あとがきに代えます。

二〇〇四年九月十二日

編者

ガーデン・テクニカル・シリーズ❺

石と意志の組み合わせ 石組作法

平成16年11月20日　初版第1刷発行
令和2年3月20日　第3刷発行

企画・制作　有限会社 龍居庭園研究所

発行者　馬場栄一

発行所　株式会社 建築資料研究社
〒171-0014東京都豊島区池袋2-10-7 ビルディングK 6F
電話03-3986-3239 Fax03-3987-3256
https://www.kskpub.com

印刷所　大日本印刷株式会社

ISBN978-4-87460-841-8 C3061
定価はカバーに表示してあります。